Ali Sperling

Merkels Flüchtlinge

Die schonungslose Wahrheit über den deutschen Asyl-Irrsinn!

Druckversion der Kindle Edition

Folgen Sie dem Autor bei Twitter

@KindleautorAli

Kontaktieren Sie den Autor über E-Mail

kindleautor+ali@gmail.com

ISBN-10: 1518696163

ISBN-13: 978-1518696169

CreateSpace

4900 LaCross Road

North Charleston, SC 29406

USA

Inhaltsverzeichnis

Einleitung

Wenn ich ein Flüchtling wäre, würde ich wahrscheinlich auch nach Deutschland kommen. Schließlich gibt es hier alles, was das Herz begehrt, um ein auskömmliches Leben zu führen – notfalls auch auf Staatskosten. Und da die Deutschen anscheinend so bekloppt sind, mit der ganzen Welt ihren Wohlstand zu teilen, dürfen wir uns nicht wundern, wenn demnächst Halb-Afrika vor der Tür steht und um Asyl bettelt. Aber eigentlich haben wir keine Tür, unverkennbar auch keine Grenze, denn Hunderttausende konnten einfach so in unser Land marschieren, um sich anschließend von uns bedienen zu lassen. Wer jetzt meint, Grenzen seien sowieso altmodisch und außerdem bräuchten die Flüchtlinge unsere Hilfe, der soll doch bitteschön seine eigene Wohnungstür sperrangelweit offenstehen lassen und ein Willkommensgeschenk mit Süßigkeiten auf die Fußmatte legen. Es würde nicht lange dauern, und die Wohnung wäre geplündert. Wenn alles weg ist, dann kommt auch keiner mehr. Aber die Refugees - so nennt man Flüchtlinge in der hippen Social-Media-Sprache - nehmen uns ja nichts weg.

Tun sie doch, wobei es vielmehr unsere Regierung ist, die uns etwas wegnimmt! Einige Bürgerinnen und Bürger haben in Deutschland schon ihre Wohnungen wegen der umsorgenden Flüchtlings-Politik verloren. Glauben Sie nicht? Ist aber Tatsache! In Herdecke kündigte die Stadt im Februar 2016 dem Künstler-Ehepaar Kouldakidou den Vertrag für ihr schönes Haus, welches sie seit 18 Jahren von der Stadt mieteten (1). Das alte Gebäude wurde von den Mietern für über 78.000 Euro aufwendig renoviert, denn eigentlich wollte man das Haus kaufen. Doch die Flüchtlingskrise machte dem Vorhaben einen dicken Strich durch die Rechnung. Weil die Stadt keine leeren Gebäude mehr zur Unterbringung der Neuankömmlinge hatte, wurde den Deutschen mit griechischem

Migrationshintergrund kurzerhand gekündigt, damit 20 Flüchtlinge einziehen können. Da guckt der Multi-Kulti-Grüne dumm aus der Wäsche, wenn er selbst ein Opfer von Merkels Asyl-Irrsinn wird. Der Migrantenbonus gilt heutzutage eben nur noch für waschechte Flüchtigranten aus Islamistan.

Niemand sollte jetzt denken, nicht von der Flüchtlingskrise betroffen zu sein. Indirekt zahlen wir nämlich über Steuern und Abgaben für die illegalen Invasoren und den multikulturellen Schwachsinn aus Berlin. Der Staat nimmt uns das Geld ab und verteilt es nach Gutdünken an die Asyl-Industrie. Die nächsten Flüchtlinge sind schon auf dem Weg – das Jahr 2015 war nur der Auftakt! Jeder wird noch seine Portion Flüchtlinge abbekommen, wenn Deutschland nicht die Grenzen schließt.

„Aber wir müssen doch helfen", heißt es immer wieder und zwar allen Kriegsflüchtlingen, die vor den Bomben und dem Terror fliehen. Nun, zuerst sollten wir differenzieren. Das Einzige, was ein Mensch wirklich muss, ist irgendwann zu sterben, alles andere tun wir mehr oder weniger freiwillig. Klingt brutal, ist aber Tatsache, genauso wie der Fakt, dass ein Kriegsflüchtling, der über sichere Drittstaaten einreist, seinen Status als Kriegsflüchtling verwirkt hat und damit automatisch zum Wohlstandtouristen aufsteigt, der für seine Reise von „Schlepper & Schleuser Touristik" mehrere Tausend Euro bezahlt.

Klingt wenig hilfsbedürftig, oder? Die Flüchtlinge kommen doch nur nach Deutschland, weil sie sich bei uns einen höheren Lebensstandard versprechen und die angebliche Not ist überwiegend ein Vorwand. Keine Frage: Wer wirklich verfolgt ist, dem gebührt auch unsere Hilfe, die meisten sind es jedoch nicht. Frieden gibt es auch anderswo auf der Welt und nicht nur in Deutschland.

Aber mit der Harmonie scheint es nun vorbei zu sein. Seit den islamistischen Anschlägen vom Freitag den 13. November 2015 in Paris wissen wir, dass mit den Flüchtlingen auch der Terror zu uns kommen kann (2). Wenige Zeit später erlebten wir zudem einen Akt massiver Migrantengewalt in der Kölner Silvesternacht von 2015 auf 2016. Testosterongeladene Muselmänner, zumeist aus dem nordafrikanischen Raum, ließen es mit sexuellen Übergriffen, Diebstählen und Körperverletzungen so richtig krachen, worauf es 1.054 Strafanzeigen hagelte (3). Bevor die Flüchtlinge nach Deutschland kamen, gab es solche Dinge nicht! Damit wurde deutlich: Die Ordnung war in Deutschland längst aus den Fugen geraten und manch Politiker sprach im Hinblick auf die gescheiterte Migrations- und Flüchtlingspolitik der deutschen Regierung sogar von einer „Herrschaft des Unrechts" (4).

Jetzt mag man mir vielleicht eine dreckige Stimmungsmache vorwerfen, doch dem ist nicht so. Die Aussagen im Buch sind durch seriöse Quellenangaben belegt und mehrfach auf Wahrheitsgehalt geprüft - es handelt sich also um Tatsachenbehauptungen und nicht um billige Hetze. Gepaart mit zum Teil derben oder polemischen Ausdrucksweisen, erleben Sie beim Lesen ein Ressentiment der besonderen Art – dies ist als Stilelement so gewollt. Lassen Sie sich davon bitte nicht abschrecken, Sie werden sehen, dass sich zum Ende hin alles relativiert. Statt vernünftig über die Flüchtlingskrise zu diskutieren, wird im Alltag ohnehin nur noch eine aufgeheizte und emotionale Debatte geführt. In diesem Sinne erfolgt nun eine schonungslose Darlegung der Sachlage, wobei es keinerlei böswillige Absicht ist, jemanden zu schaden oder zu diffamieren. Kein Mensch und keine Religion besitzen einen höheren oder geringeren Stellenwert!

Ich lasse mir jedoch von der deutschen Regierung kein X für ein U vormachen und wer genauso oder ähnlich denkt, dem sei das Buch ans Herz gelegt. Hier werden die Schattenseiten der Asylpolitik beleuchtet und unbequeme Wahrheiten ausgesprochen. Die Flüchtlingskrise spielt hierbei eine weitaus tragendere Rolle als allgemein vermutet wird – wir müssen den Tatsachen nur ins Auge sehen!

This Land Is Your Land

In einem Land zu unserer Zeit, in dem der Sommer- und Winterschlussverkauf nur lapidar SALE genannt werden, dahergelaufene Asylanten das neuste Smartphone in ihren Taschen tragen, weil einfache Mobiltelefone schlichtweg out sind, ist es doch nur zeitgemäß, der Überschrift einen englischen Anstrich zu verpassen. Für alle Englisch-Verweigerer gibt es aber hier die Übersetzung: Dieses Land ist Dein Land! Während im englischen Wortlaut bei mir im Kopf sofort das gleichnamige Lied von Woody Guthrie umherschwirrt, fühle ich mich im Deutschen auf ganz andere Art und Weise angesprochen. Daran merkt man übrigens, wie sehr uns die Worte beeinflussen. Es ist nun mal so, dass die Sprache unser Denken lenkt und im Unterbewusstsein immer eine Reaktion hervorruft, weshalb die nach Deutschland eindringenden Menschenmassen von der Politik und den Medien lapidar als Flüchtlinge tituliert werden und nicht als Eindringlinge, was sie definitiv sind! Der eine Begriff wird mit einer Hilfsbedürftigkeit assoziiert, der andere mit einer Bedrohung. Die Wortwahl ist dabei das Salz in der Suppe und es ist eine Frage des individuellen Geschmacks, ob etwas fade, genießbar oder versalzen wirkt.

Manch einer hat vielleicht schon die Krätze beim Lesen der Aussage „Dieses Land ist Dein Land“ bekommen und es als ultimative Einladung an alle Flüchtlinge verstanden, oder es gemäß seinem Vorurteil zu „Deutschland den Deutschen“ uminterpretiert. Dabei ist nur gemeint, dass dieses Land eben das Land ist, in dem Du lebst und in dem Du dich um die Belange kümmern solltest, damit Du auch morgen noch kraftvoll zubeißen kannst. Da genügt es nicht, sich eine rotgrüne Paste auf die Zähne zu schmieren und mit einem treudoofen Dauergrinsen den Gutmenschen zu mimen – Nein, da braucht es schon mehr. Patriotismus, Heimatliebe und vor allen

Dingen eine Logik, gepaart mit einer Portion Intelligenz. Damit will ich nicht sagen, dass der Gutmensch an sich ein verrückter Spinner sei, doch sein Verhalten ähnelt dem eines tollwütigen Fuchses, der die natürliche Scheu vor jedweder Gefahr verloren hat und nur noch wild um sich beißt, wenn man ihm moralisch zu nahekommt. Das Schlimme ist jedoch, dass in dieser bunten Republik sich jeder zum Gutmenschentum bekennen muss, um nicht als faschistoid, fremdenfeindlich oder rechtsradikal gebrandmarkt zu werden.

Eine Impfung gegen das verblödete Gutmenschentum gibt es allerdings nicht, die sterben nie aus – die Deutschen aber irgendwann schon, wenn sie so weitermachen wie bisher. Wer jetzt Beifall klatscht, ist entweder rotgrünlinks-verballert oder einfach nur bekloppt.

Der Irrsinn hat Programm

Die Deutschen kriegen keinen mehr hoch, um eigene Kinder zu produzieren und lassen stattdessen massenhaft Fremde ins Land. Im Jahr 2015 kamen über eine Million Flüchtlinge zu uns (5) und ein aufgeblähter Vizekanzler Sigmar Gabriel hielt allen Ernstes 500.000 Flüchtlinge pro Jahr für verkraftbar (6). Die Organisation für wirtschaftliche Zusammenarbeit und Entwicklung (OECD) ging in einer Studie davon aus, dass die Flüchtlingswelle weiter anhält und annähernd 500.000 Menschen einen positiven Asylbescheid erhalten, also definitiv bleiben dürfen (7). Und wer nicht bleiben durfte, aber praktisch nicht abgeschoben werden konnte, aus formalen oder sonstigen Gründen, den erwarten nach 15 Monaten vergleichbare Sozialleistungen annähernd in der Höhe von Hartz-IV. Mit anderen Worten: Wer einmal hier ist, den bekommen wir so schnell nicht wieder los. Im Jahr 2015 wurden nur 21.000 Menschen abgeschoben (8), die meisten davon waren Europäer aus den Balkan-Staaten, und 40.000 Menschen kehrten freiwillig zurück, weil ihnen der Abgang mit Geld versüßt wurde. Dem gegenüber standen aber eine Million Neuankömmlinge, fast allesamt aus dem islamischen Raum, was summa summarum ein Überschuss von 939.000 sogenannten Kulturbereicherern machte. Dass diese Größenordnung von Bedeutung war, musste selbst Papst Franziskus eingestehen, denn er sprach im Kontext zur Flüchtlingskrise von einer arabischen Invasion (9).

Mit den Zahlen sollte man es allerdings nicht so genau nehmen, denn die Regierung musste Ende 2015 eingestehen, nicht zu wissen, wie viele Flüchtlinge tatsächlich in deutschen Erstaufnahmelagern herumlungerten (10). Aber es kam noch dicker: Über 130.000 Flüchtlinge waren einfach verschwunden (11), vielleicht untergetaucht im Dunst der Kriminalität oder weitergereist ins Ausland. Theoretisch hätten auch 70.000 Kämpfer des Islamischen Staats (IS) so mir nichts dir nichts als Flüchtlinge in Deutschland einwandern können, ohne jemals als Terroristen erkannt zu werden. Offene Grenzen waren und sind in Zeiten der globalen Bedrohung durch den islamischen Terrorismus grob fahrlässig. Diese Fahrlässigkeit im Umgang mit der Sicherheit des Landes hatte unsere Regierung zu verantworten, allem voran die Bundeskanzlerin. Der US-Präsidentschaftsbewerber Donald Trump nannte Merkels Asylpolitik schlichtweg verrückt (12).

Während in Deutschland die Fäden der multikulturellen Bereicherung durch Flüchtlinge gesponnen wurden, erlebte Europa eine historische Völkerwanderung, die in seiner Größenordnung erhebliches Konfliktpotential mitbrachte. Integrationsbemühungen konnten schon in der Vergangenheit nicht das Zusammenleben des „neuen Volkes“ bestimmen. Bestimmender Faktor war die natürliche Reproduktionsrate der damals islamischen Minorität, die sich im Laufe der Zeit in Teilen von Europa zur tonangebenden Majorität entwickelte. Ganze Stadtteile sind heute islamisiert und Minarette prägen die Landschaft. Der vom Nationalismus abgeschnittene Deutsche welkt wie eine Blume dahin.

Die Flüchtlinge präsentieren sich dagegen wie in der Blüte stehende Disteln, die auf dem verwelkten europäischen Rasen ihren Samen abwerfen. Wenn wir Europäer nicht erkennen, dass wir gerade dabei sind, unseren angestammten Lebensraum und unsere Kultur durch die Landnahme der Massenimmigration zur verlieren, wird es das Ende von Europa besiegeln, so wie wir es heute kennen. Die Regierungen aus Berlin und Brüssel schaufeln derweil die Totengräber für souveräne Nationalstaaten und erhoffen sich dabei, auf diesen Leichenbergen ein sozialistisches Einheitseuropa der „Weltenbürger“ zu etablieren.

Aus einer Million Flüchtlinge werden zwei und drei Millionen, mit Geburtenfreudigkeit und Familiennachzug sind es bald fünf bis zehn Millionen, und gepaart mit den bereits hier lebenden Ausländern werden es mehr sein, als wir es sind. In 20 Jahren könnten die Deutschen, wenn’s gut läuft, höchstens noch zur Sperrminorität im eigenen Land taugen, und dies hat jetzt rein gar nichts mit Sperma zu tun. Das wird in der Qualität ohnehin immer schlechter, aufgrund der ganzen Umwelt- und Lebensmittelgifte in den westlichen Industrienationen. Sieht so etwa eine bessere Zukunft für unser Land aus?

Während das deutschhassende Gesindel auf antifaschistischen Demos lauthals „Nie, nie, nie wieder Deutschland“ rufen darf und von der Masse dafür noch Beifall erntet, werden jene Mitmenschen, die sich ernsthaft um die Entwicklungen in ihrem Land sorgen, in die rechte Faschismus-Nazi-Ecke gestellt. „Nazis auf Maul!“ und „Faschismus ist keine Meinung, sondern ein Verbrechen!“ sind noch die harmlosesten Beschimpfungen aus dem frotzelnden Mundwerk des antifaschistischen Gutmenschen.

Das Kuriose dabei ist, dass der Antifaschismus aber nur im Nicht-Faschismus existieren kann, was ihn an sich überflüssig macht, in Deutschland heißt das politische System nämlich parlamentarische Demokratie. Im echten Faschismus würde eine antifaschistische Demonstration einfach mit Maschinengewehren niedergemetzelt – danach würde sich kein Maulheld, Randalierer und Steine-Werfer mehr auf die Straßen trauen. Der moderne Antifaschismus ist in diesem Land vielmehr eine demokratische Installation des emotionalen Schwachsinns zur Beschäftigung des politischen Gegners.

Sollten wir wirklich in einer freien Demokratie leben, ist es das gute Recht eines jeden Menschen, egal ob blau, rot, grün, gelb, schwarz, braun, links, rechts, homo, transgender oder sonst was, eine eigene Meinung zu haben und diese frei zu äußern, ohne dafür gleich auf übelster Weise angefeindet zu werden.

Wie frei unser politisches System wirklich ist, wurde an den Amtsträgern im Un-Freistaat Thüringen deutlich. Dort verpasste das Landesverwaltungsamt im September 2015 den Bediensteten per Rundbrief eine Art „Maulkorb“ (13). Angeblich solle das Grundrecht zur Meinungsfreiheit einer Gemeinde und ihren Amtsträgern in amtlicher Eigenschaft nicht zustehen. Und der Thüringer Beamtenbund forderte in einem offenen Brief alle Mitarbeiter des öffentlichen Dienstes Thüringens dazu auf, sich von den Positionen der Partei AfD (Alternative für Deutschland) deutlich zu distanzieren (14). Die rot-rote Landesregierung hatte entweder einen an der Waffel, oder es regierte in Thüringen insgeheim immer noch die Sozialistische Einheitspartei Deutschlands. Diese Methoden zeigten nur zu deutlich die geistige Verwandtschaft der heutigen

Demokratie zur ehemaligen DDR, worin schon immer der diktatorische Sozialismus zur freien Demokratie verklärt wurde.

Bei solch dekadenten Regierungen kann es nicht mehr lange dauern bis die ersten Meinungsabweichler in eine Fachklinik für Rehabilitation und Integration gesteckt werden, sozusagen in die gutmenschlich-korrekte Variante des Konzentrationslagers. Persönlich habe ich ein breites Verständnis für die Belange der Einen als auch für das Begehren der Anderen, was jedoch nicht heißt, dass ich alles gutheißen muss und schon gar nicht die aktuelle Flüchtlingspolitik in Europa und in Deutschland.

Die Demokratie ist eigentlich ganz nett, doch so richtig beängstigend ist die in hohem Tempo voranschreitende politische Entwicklung in der Bunten Republik Deutschland (BRD) hin zu einem Multi-Kulti-Gender-Mainstream-Homo-Transgender-Antifaschismus-Einheitsbrei, worin das Wirtschaftswachstum endlos erscheint, der Euro die Glückseligkeit verheißt und Migranten, Homosexuelle sowie Transgender den Ton für die moderne Vorzeigegesellschaft angeben. Alle Bürgerinnen und Bürger dürfen in dieser pluralistischen Gesellschaft, in welcher der Deutsche und die klassische Familie als solches nichts mehr zu suchen haben, bis an ihr Lebensende unter aufoktroyierter Glückseligkeit und staatlicher Unterstützung dahinsiechen.

Ab 2016 gab es dafür schon mal 5 Euro extra bei Hartz-IV. Ist das nicht super? Bei so tollen Zukunftsaussichten müssen wir uns doch keine Sorgen machen, die in Berlin wissen genau, was sie tun. Dieses Land könnte gar nicht besser regiert sein, zumindest wenn man Flüchtling ist und es hier auf finanzielle Unterstützungen und Sachleistungen abgesehen hat, ohne dafür integrationswillig sein zu müssen oder auch nur einen Finger krumm zu machen.

Flüchtlinge müssen in deutschen Unterkünften nicht mal ihre eigene Unterkunft reinigen, denn dafür gibt's Reinigungsfirmen auf Kosten der Steuerzahler (15). Von jener deutschen Gastfreundschaft berichtet der Flüchtling natürlich gerne. Aber weil kein Traumatisierter mit dem Smartphone in die Ferne trommeln konnte, versorgte die Deutsche Telekom die Flüchtlingsunterkünfte mit kostenlosem W-LAN (16), und Google spendierte gleich 25.000 Laptops mit dem hauseigenen Betriebssystem für die Flüchtlingshilfe in Deutschland (17). Für hilfsbedürftige Deutsche mit und ohne Migrationshintergrund, Hartz-IV-Empfänger oder Obdachlose gibt es solche Nettigkeiten natürlich nicht. Aber kommen wir zu einem anderen Fall, der uns aufhorchen lassen sollte, denn er ist weitaus brisanter als es zunächst den Anschein erweckt.

Der Mobilfunkanbieter Yourfone verschenkte 50.000 Prepaid-Karten explizit an Flüchtlinge, mit einem Startvolumen von rund 70 Euro, die von der Caritas und dem Deutschen Roten Kreuz in den Aufnahmestellen ausgegeben wurden (18). Diese Art der Kunden-Akquise war jedoch anrüchig, da die Bundesnetzagentur dieser Aktion eine sicherheitsbedenkliche Ausnahmegenehmigung erteilte. Normalerweise müssen bei der SIM-Kartenregistrierung die Personalien angeben werden, doch beim Flüchtling reichte die Adresse einer Aufnahmeeinrichtung aus, was jene SIM-Karten zum Großteil anonymisierte und eine kriminelle oder terroristische Nutzung generell erleichterte. Wie wichtig eine korrekte Zuordnung einer Handynummer ist, zeigt die Terrorbekämpfung des Bundesnachrichtendienstes (BND) – dort werden seit Jahren die Mobilfunkdaten ausgewertet und bei Bedarf an die USA weitergeleitet (19) um gezielt Terroristen zu bekämpfen.

Dank der Bundesnetzagentur weiß nun keiner so genau, wer hinter diesen 50.000 Handynummern steckt. Allerdings ist dies nicht weiter tragisch, denn die gutmenschliche Wahrnehmung der Asylindustrie kennt keine Terrorgefahr unter den Flüchtlingen. Die Schattenseiten hinter den liebgemeinten Refugee-Geschenken gibt es aber trotzdem. Wussten Sie z.B., dass ein Flüchtlingsheim einen größeren Internetverkehr als ein Flughafen (20) verursachen kann? Durch massenhafte Downloads sowie Videotelefonie ins Ausland sorgten die Flüchtlinge aber nicht nur für extrem hohe Datenvolumina, sondern heimsten auch noch Abmahnungen durch illegales Filesharing ein (21).

Ein verantwortungsvoller Umgang mit den Ressourcen scheint den Flüchtlingen fremd zu sein, was jedoch nachvollziehbar ist, denn schließlich müssen sie finanziell nicht selbst dafür aufkommen. Fällig werdende Strafzahlungen bedient der Flüchtling höchstens von seinem monatlichen Taschengeld, was wiederum die Steuerzahler finanzieren und viele Sachleistungen werden den Flüchtlingen ohne Wenn und Aber kostenlos zur Verfügung gestellt, wofür andere in der Regel bezahlen müssen.

Diese wenigen Beispiele an „Nettigkeiten" für Flüchtlinge zeigen bereits, wie fürsorglich sich die Asylindustrie in Deutschland präsentiert und dabei potentielle Gefahren ausblendet und die wachsende Armut im eigenen Land ignoriert. Der moderne Refugee ist längst zum hippen Werbeträger avanciert, während unsere Regierung der kapitalistischen Ausschlachtung des Asyl-Gedankens einen Freifahrtschein erteilt, was einer Pervertierung des Asylrechts gleichkommt.

Demnächst gibt's für alle Flüchtlingsheime vielleicht kostenlose Tablets oder Smartphones namhafter Hersteller, aber auch ohne diese Spenden könnte sich ein Flüchtling so etwas locker leisten. Für das Geld, was hier ein Flüchtling bekommt, müssen anderswo auf der Welt, etwa auf den Guano Inseln vor Peru, fleißige Arbeiter unter widrigen Bedingungen meterhohe Vogelscheiße im Akkord per Hand mit dem Spatel von der Klippe kratzen. Auf der Welt gibt es mindestens über 1,2 Milliarden Menschen (22), die im Monat weniger verdienen als es hier Flüchtlingshilfe gibt und unter schlechteren Bedingungen leben als in der heruntergekommensten Flüchtlingsherberge in Deutschland. Da können noch so viele Gutmenschen die Flüchtlinge zu Hause aufnehmen, es wird niemals ausreichen, die Menschenmasse, die gerade als Lawine auf uns zurollt, jemals vernünftig unterzubringen, ohne dabei die Einheimischen totzuschlagen.

Das Boot ist bereits voll, aber jedes menschenunwürdige Leben, das tausende Euro für Schlepper aufbringt, ist bestimmt ein Asylgrund wert. Und wenn es so weiter geht wie bisher, bin ich mir sicher, dass wir sie alle hereinlassen, um die Herzlichkeit dieser Menschen in uns aufzunehmen, währenddessen die anständigen Deutschen buckeln und alle Schmarotzer im System durchfüttern.

Damit ist jetzt aber nicht nur der illegale Flüchtling gemeint, der sich in seinem flegelhaften Auftreten als verwöhnter Tourist präsentiert, sondern vor allem eine faule Politikerkaste, die die nationalen Interessen mit Füßen tritt und lauthals mehr Geld sowie Engagement für die Flüchtlinge fordert, aber selbst auf unsere Kosten lebt. Bei den üppigen Abgeordnetenbezügen von über 8.000 Euro pro Monat sorgt sich der Politiker weniger um das Land als vielmehr um die nächste Wahl, die es zu gewinnen gilt, denn sonst gehen die üppigen Diäten flöten. Kein Wunder also, dass die meisten Politiker den Flüchtlingen die Stange halten, denn großzügige Multikulti-Freunde werden gerne wiedergewählt. Mit der Zunahme der Flüchtlingszahlen trübte sich die Stimmung in der Politik allerdings ein. In Büdingen, einem Ort in Hessen mit einer Erstaufnahmeeinrichtung für Flüchtlinge am Stadtrand, erzielte die im Verbotsverfahren befindliche rechtsextreme Partei NPD schlappe 14 Prozent der Stimmen bei der Kommunalwahl im März 2016, und seitdem gilt der Ort als braunes Nest (23). Andernorts konnte die ebenfalls als rechts gebrandmarkte Partei AfD aus dem Stand ein zweistelliges Ergebnis vorweisen.

Die Zeichen sind deutlich: Immer mehr Deutsche fühlen sich von der bisherigen Politik verraten, zerbrechen sich den Kopf über steigende Lebenshaltungskosten, einen sicheren Arbeitsplatz, die drohende Armut im Alter und ärgern sich über die hohen Steuer- und Abgabenlasten. Der Staat erzielte seit Jahren immer neue Rekordeinnahmen bei der Steuer, was im Umkehrschluss nichts anderes bedeutete, dass den Bürgern noch nie so tief in die Tasche gegriffen wurde wie heute. Für das Jahr 2015 verzeichneten Bund, Länder, Kommunen und Sozialversicherungen einen Überschuss von rund 29 Milliarden Euro (24), doch statt die Steuern und Abgaben zu senken oder in die eigenen Bürger zu investieren, wird jenes Geld für die Versorgung und Integration von Flüchtlingen draufgehen.

Der ganze Staatsapparat saugt unser Steueraufkommen auf, wie eine Zecke das Blut, denn das linksgrüne Umverteilungsprogramm braucht das Geld um den Albtraum der bunten Republik zu finanzieren. Für Flüchtlinge werden die Milliarden lockergemacht, die Deutschen dürfen unterdessen brav ihre Steuern entrichten und werden an der kurzen Leine gehalten. Ein Experte des Münchner Ifo-Instituts forderte sogar, dass die Deutschen später in Rente gehen sollen, damit Deutschland den Flüchtlingsansturm ohne neues Schuldenmachen bewältigen kann (25) und Schäuble plante ein kleines Sparpaket von rund 500 Mio. Euro, die von den Ministerien eingespart werden, um daraus die Kosten für die Aufnahme und Unterbringung von Flüchtlingen zu finanzieren (26). Aber diese Maßnahmen werden allesamt nicht reichen, manch Ökonom sieht sogar schon gewaltige Steuererhöhungen auf uns zukommen, ebenso ein Anstieg der Altersarmut (27). Für das Jahr

2015 rechnete das Ifo-Institut für die Bewältigung des Flüchtlingsaufkommens mit mindestens 20 Milliarden Euro (28) – schlappe 11,5 Milliarden Euro mehr, als der Bund für Familien, Senioren, Frauen und die Jugend ausgab (29). Einige Prognosen kalkulierten sogar mit 30 Milliarden Euro pro Jahr für die Umsorgung der Flüchtlinge und veranschlagten zur Finanzierung eine Steuererhöhung von bis zu 6 Prozent (30). Die wahren Kosten der kulturellen Vielfalt sind vermutlich noch weitaus höher.

Ist es nicht beschämend, dass unsere Regierung inzwischen mehr Geld für dahergelaufene Asylanten bereitstellt als für die eigene Familienpolitik? Das wäre doch so, als würde eine Mutter ihr eigenes Kind beiseitelegen, um sich vorrangig um fremde Kinder zu kümmern – einfach abartig! Früher oder später wird sich dies definitiv steuerlich und gesellschaftlich bemerkbar machen. Die Deutschen werden zu Mulatten und es war sogar schon im Gespräch, den Solidaritätszuschlag zur Finanzierung der Flüchtlingshilfe aufzuwenden (31). Weil dann aber an anderer Stelle die Gelder fehlen, dürfen die Einheimischen zukünftig weitere Abgaben leisten, wie zum Beispiel die Zahlung einer Pkw-Maut, welche die CSU bereits ausgiebig thematisierte. Und wenn dies immer noch nicht reicht, gibt's die Option einer Mehrwertsteuererhöhung, vielleicht auf 23 Prozent, wie im gebeutelten Griechenland. Es kann daher nur noch besser werden: Refugees Welcome - Bring Your Families!

Und hier die Übersetzung: Flüchtlinge Willkommen – Bringt eure Familien! Mit diesen und ähnlichen Slogans werben die Asylindustrie und der linksgrünversiffte Rand tatsächlich für mehr Flüchtlinge. So etwas lässt sich der Refugee natürlich nicht zweimal sagen und just in diesem Moment packen schon die nächsten ihren Rucksack, wo alles reinkommt, was der Flüchtigrant dringend braucht: Smartphone mit Refugee-Apps, reichlich Knete zum

Weiterreisen, eine Halāl-Notration zum Futtern und einen Pass zum Wegschmeißen oder Vorzeigen. Wir in Deutschland warten dann sehnsüchtig auf diese Rucksacktouristen, die überwiegend jung, männlich und muslimisch sind, während im Süden Europas die arbeitslose Jugend in Vergessenheit gerät.

So ein kulturfremder dahergelaufener Araber oder sonst was ist im Multi-Kulti-Deutschland einfach viel mehr wert als jeder Europäer. Neben haufenweise gefälschter Zeugnisse, Diplome und Ausweise (32), bringen einige der Fremdlinge auch noch putzige Krankheiten mit, wie Malaria, Masern, Tuberkulose oder Krätze (33). Scheinbar sind dies alles Dinge, wonach sich der selbstmörderische Deutschtrottel dringend sehnt, um mit allen Refugees-Welcome-Klatschern den Untergang des Abendlandes zu feiern. Selbst das Ebola Virus könnte mit den Flüchtlingen in Europa auftauchen, denn im Hodensack eines Mannes ist der Erreger bis zu 12 Monate im Sperma überlebensfähig (34).

Aber das macht nichts, notfalls wird hier jeder Flüchtling medizinisch bestens umsorgt, während die Deutschen immer höhere Krankenkassenbeiträge entrichten müssen, weil die Kostensteigerungen über Beitragserhöhungen kompensiert werden (35). Die zusätzlich benötigten Gelder im deutschen Gesundheitswesen werden allein durch die Arbeitnehmer geschultert, da die Beiträge für Arbeitgeber von der Regierung gedeckelt wurden. In der Demokratie geht es eben ausschließlich gerecht zur Sache, und wer dies bezweifelt, kann nur ein antidemokratischer Nazi sein. Wir können uns das schließlich leisten, heißt es immer wieder und das Steueraufkommen war noch nie so hoch wie heute - trotzdem ist aber kein Geld in den Kassen. Alle sind sie mehr oder weniger pleite: Gemeinden, Kreise, Städte, Länder und der Bund. Irgendwas stimmt dann doch nicht an dieser Rechnung. Was zum Teufel treibt unsere Regierung mit dem Geld der Bürger, außer Unmengen davon den Flüchtlingen und Konsorten in bester moralischer Absicht unkritisch hinterherzuwerfen?

Wenn eine deutsche Kommune kein Geld mehr für die Unterhaltung der eigenen Infrastruktur hat, werden vereinzelt schon mal ganze Einrichtungen dichtgemacht, wie zum Beispiel das kostspielige Schwimmbad (36). Seit der Bereicherung mit Flüchtlingen macht der Besuch in einer deutschen Badelandschaft aber ohnehin kein Spaß mehr. Deutschlandweit kam es zu grotesken Meldungen, wonach Flüchtlinge ins Wasser kackten, öffentlich onanierten und weibliche Badegäste belästigten (37). Testosterongesteuerte Mohammedaner stürmten die Frauen-Umkleide, benahmen sich rüpelhaft bis gewalttätig und schreckten nicht vor sexuellem Missbrauch zurück (38), teilweise auch von Kindern (39). In den Abendstunden benahmen sich Flüchtlinge in den Discotheken aber auch nicht viel anders als im Schwimmbad, weshalb einige Betreiber temporär ein Flüchtlingsverbot aussprachen (40). Rein rechtlich sind solche Verbote aber nicht haltbar, denn bei uns darf niemand diskriminiert werden, auch wichsende Flüchtlinge nicht!

Das Gastrecht wurde von den Flüchtlingen offensichtlich missbraucht, die deutsche Gesellschaft wurde belästigt, genötigt und teilweise terrorisiert, und dennoch drohten keine ernsthaften Konsequenzen. Stattdessen schossen in den klammen Kommunen die Neubauten für Flüchtlinge aus dem Boden, sodass die sozialschwachen Deutschen in ihrer heruntergekommenen Absteige nur noch staunten (41). Und solange der Flüchtling nicht adäquat residieren kann, muss zur Not eben die Sporthalle zur weniger gemütlichen Flüchtlingsunterkunft umstrukturiert werden. Anfang 2016 waren deutschlandweit über 1.000 Turnhallen durch Flüchtlinge belagert (42). Schulkinder und Vereine konnten darin keinen Sport mehr treiben und feierliche Veranstaltungen mussten ausfallen. Und was anfänglich nur als kurze Übergangslösung gedacht war, entwickelte sich im Laufe der Zeit zum Dauerzustand. Die Bausubstanz der Turnhallen leidet darunter und ebenso die Kassen der Kommunen, denn nach dem Rückbau der Flüchtlingsunterkünfte stehen kostspielige Sanierungsarbeiten an.

Die Mehrheit der Bürger scheint sich daran aber nicht zu stören (43) – der Sport kann schließlich auch draußen stattfinden, das härtet ab und sorgt für eine interkulturelle Abwechslung in den Schweißdrüsen. Es ist schon erstaunlich, was die Bürgerinnen und Bürger in Deutschland über sich ergehen lassen und mit welcher Dominanz sich die Asylindustrie für ihre Flüchtlinge einsetzt. Es gab sogar schon Fälle, da wurden die Einheimischen zu Flüchtlingen, weil dahergelaufene Immigranten eine Unterkunft benötigten. So mussten die Schüler der Jahn-Realschule in Lübbecke kurzerhand alle Sachen packen und das Gebäude fluchtartig verlassen (44), weil die örtliche Verwaltung völlig überraschend beschloss, aus der Schule eine Notunterkunft für Flüchtlinge zu machen.

Die eigene Infrastruktur ist den Deutschen scheinbar nichts wert, was sich bereits an der jahrelangen Unterfinanzierung unseres Schulsystems bemerkbar machte. Bundesweit wird der Sanierungsbedarf der deutschen Schulen auf rund 32 Milliarden Euro beziffert (45), was ungefähr der Summe für die jährliche Versorgung der Flüchtlinge entspricht! Weil Länder und Kommunen zu bankrott sind, um die Schulen ordentlich zu unterhalten, mussten Schüler und Lehrer sogar heruntergekommene Klassenzimmer bereits in Eigenregie streichen (46), deren Streichmaterial über Fördervereine gesponsert wurde.

Überall fehlte das Geld im Schulwesen, sodass Eltern zum Putzen anrückten, es an Büchern und sonstigen Unterrichtsmaterialien mangelte und am Lehrpersonal gespart wurde (47). Aber zur Versorgung der Flüchtlingskinder im Schulsystem wurden die Gelder selbstverständlich bereitgestellt, allein in den Jahren 2015 und 2014 bezifferten die Bundesländer ihre Gesamtkosten der schulischen Ausbildung für Flüchtlingskinder auf 2,3 Mrd. Euro (48) und natürlich bekamen die Kinder von Asylbewerben zusätzlich einen kostenlosen Förderunterricht spendiert – Ehrensache sozusagen. Weiter wurde bei den rund 325.000 Flüchtlingskindern ein Mehrbedarf von über 20.000 neuen Lehrkräften gesehen und es ist davon auszugehen, dass unsere Regierung alles unternehmen wird, um die Flüchtlinge auf allen Ebenen des gesellschaftlichen Lebens bestens zu versorgen.

Müssten jene Eltern, die in der Vergangenheit die Klassensäle pinselten, sich jetzt nicht veräppelt vorkommen? Während bei den Einheimischen der Rotstift angesetzt wird, fließt das Geld für die Flüchtlinge nahezu alternativlos ins System und wir sollten stutzig werden, was da wirklich in Berlin vor sich geht.

Angela Merkel finanzierte die Umsorgung der Flüchtlinge auf die gleiche Art wie Adolf Hitler seine Kriegsmaschinerie: Bedingungslos, ohne Rücksicht auf gesellschaftliche Verwerfungen und letztendlich auf dem Rücken der Bevölkerung. Wenn Regierungen dazu neigen, die Staatsfinanzen und sämtliche Ressourcen unter allen Umständen in ein Projekt vorrangig umzuleiten, dann stecken fast immer höhere politische Ziele dahinter und wir müssen uns wirklich fragen, ob in Berlin ein offensiver Blitz-Krieg gegen die nationale Bevölkerung in diesem Land geführt wird? Deutschland wurde von den Flüchtlingen überrollt, wie damals Polen von der deutschen Wehrmacht und das Volk stand vor vollendeten Tatsachen.

Der Staat hätte eigentlich die Pflicht, sein Volk zu schützen, notfalls sogar mit der nötigen Gewalt, aber hier läuft es gerade andersrum.

Einzig die AfD-Partei sprach sich im Januar 2016 für den Schutz der deutschen Grenzen auch mit Schusswaffen aus (49) und erntete darauf große Kritik seitens der linksgrünversifften Politik und der öffentlichen Medien. Wer im Glashaus sitzt, sollte jedoch nicht mit Steinen werfen, denn die EU sieht im Vertrag von Lissabon die Tötung von ihren eigenen Bürgerinnen und Bürgern vor, um einen Aufstand niederzuschlagen. Eine Gewaltanwendung gegenüber hereinspazierende „Neubürger" gilt indes als Tabu.

Mit dem Ausbruch der Flüchtlingskrise erlebten wir einen Raubzug der Regierung gegen den Souverän, das deutsche Volk, wobei nicht nur die Finanzmittel, sondern vor allem unsere nationale Identität geopfert wurde.

An den deutschen Außengrenzen standen die Reisebusse für Flüchtlinge parat, um alle Illegalen ohne zeitaufwendige Kontrollen schnell und unbemerkt quer durch die Republik in Erstaufnahmestellen zu verfrachten. Unsere Regierung betätigte sich im großen Stil als Schlepper und Schleuser. Die Auswüchse der hiesigen Flüchtlingspolitik waren dermaßen von Sinnen, dass sie eine besondere Beachtung und vor allem eine Verachtung verdienen. Es gehörte sich einfach nicht, was unsere Regierung machte, der Rundumversorgung von Flüchtlingen im Land die höchste Priorität einzuräumen und dabei den Deutschen mit und ohne Migrationshintergrund einen vor den Latz zu knallen – wir wurden zu Fremde im eigenen Land und man machte aus uns Menschen zweiter Klasse.

Die einheimischen Bürger ließen weitestgehend alles über sich ergehen, denn uns Deutschen liegt es einfach nicht, so aufmüpfig und hartnäckig zu sein wie die aufsässigen Flüchtlinge, die auch nicht davor zurückschreckten eine Landstraße zu blockieren (50), um das zu bekommen, was sie forderten: Ein komfortables Dach über dem Kopf, Verpflegung, Taschengeld und die Aussicht, hier bleiben zu dürfen, um ordentlich Geld zu machen, sei es über Arbeit oder den über Sozialleistungen finanzierten Geburten-Dschihad.

Viele Deutsche haben den Eindruck, dass die Flüchtlinge nur nach Deutschland kommen, um sich rotzfrech in der sozialen Hängematte auszuruhen, während die eigene Bevölkerung auf der Strecke bleibt, malochen geht und dem Finanzamt die Dukaten scheißt. Aber das sind alles billige Lügen, eine Einwanderung in die Sozialsysteme gibt es definitiv nicht, das ist nur eine hässliche Darlegung der Faschisten. Bei den meisten Flüchtlingen handelt es sich um ausgebildete Fachkräfte, die wir dringend benötigen.

So unwahr es ist, mit diesen und ähnlichen Aussagen sollten die Flüchtlinge uns tatsächlich schmackhaft gemacht werden, begleitet von vielen positiven Studien über Flüchtlinge.

Studien und unhaltbare Zustände

Migranten können die Sozialsysteme sogar langfristig entlasten, stellte das Essener Wirtschaftsforschungsinstitut RWI in der Herbstprognose 2015 fest, insbesondere die vielen jungen Zuwanderer, vorausgesetzt, es gelinge sie in den Arbeitsmarkt zu integrieren. Diese Aussage ist ungefähr so wertvoll wie die Information, dass es nachts dunkel wird, wenn die Sonne nicht scheint. Nichtsdestotrotz forderte die Bundeskanzlerin, der größte Makel aller Zeiten, unisono die schnelle Vermittlung von Flüchtlingen in Jobs. Bevor Flüchtlinge arbeiten, werden viele zunächst aber in Hartz-IV landen. Arbeitsministerin Andrea Nahles rechnete im Herbst 2015 für die nächsten Jahre mit bis zu einer Million zusätzlichen Empfängern von Sozialleistungen aufgrund der Flüchtlingskrise (51). Ein Beschäftigungswunder sieht wahrlich anders aus und mit der Motivation der Flüchtlinge ist es ebenfalls nicht gut bestellt: Rund 70 Prozent der Flüchtlinge brechen ihre Ausbildung einfach ab (52).

Sicherlich wird es berufliche Erfolgsgeschichten geben, bei über einer Million eingewanderter Migranten ist immer ein Gewinner dabei, doch die meisten werden über Jahre die Sozialsysteme nur belasten und höchstens im Niedriglohnsektor eine Beschäftigungsmöglichkeit vorfinden. Dennoch sagte Andreas Rees - der Deutschland-Chefvolkswirt von UniCredit - gegenüber der Nachrichtenagentur Reuters, das arbeitende Flüchtlinge langfristig sogar 50 Milliarden Euro einbrächten und das Bruttoinlandsprodukt um etwa 1,7 Prozent bis 2020 erhöhen könnten. Doch dass die Flüchtlinge vorher Unsummen an Geld verschlingen, welches sie später nie wieder reinholen, wird in dieser Bananen-Republik nicht thematisiert. Die positiv klingenden Aussagen über Flüchtlinge sind dennoch allesamt korrekt, aber leider nur rein theoretischer Natur, und außerdem wird der Mensch zum bloßen Wirtschaftsfaktor degradiert. Genauso ließe sich behaupten, dass der Mond vom Himmel fällt, wenn es der Erde gelänge, den Mond zu integrieren. In Wahrheit bewegt sich der Mond aber von Jahr zu Jahr immer weiter von der Erde weg, so wie wir uns in Deutschland von Jahr zu Jahr von der freiheitlichen Demokratie und der gesellschaftlichen Ordnung entfernen.

Schönrechnen lässt sich jedenfalls alles, vor allem in der Politik, aber dass mit der Zunahme von ausländischen Arbeitskräften das Lohnniveau sinkt, wenn der Druck sich auf dem Arbeitsmarkt erhöht, wird gerne verschwiegen. Der Deutsche darf dann zukünftig brav in seiner Leiharbeit verharren, von Jahr zu Jahr gekündigt, von verschiedenen Arbeitsvermittlungsfirmen immer wieder zum Einstiegsgehalt neu eingestellt, ewiglich von der festen Stelle im Betrieb träumend, bis ein Flüchtling kommt und ihm die Stelle wegschnappt. In einem Positionspapier forderte nämlich der Landkreistag als kommunaler Spitzenverband, den Mindestlohn für Flüchtlinge auszusetzen, um den Zugang zum Arbeitsmarkt zu erleichtern (53). Die Zahl der freien Ausbildungs- und Arbeitsplätze wird dramatisch sinken, je mehr Flüchtlinge dem Arbeitsmarkt zugeführt werden – aber niemand nimmt dabei dem Deutschen seinen Arbeitsplatz weg, oder etwa doch?

Nach allem, was bisher geschah, lag Frau Marine Le Pen von der französischen „Front National“ goldrichtig, denn sie behauptete in einer Rede, dass Deutschland durch die Aufnahme von Flüchtlingen versuche, per Masseneinwanderung „Sklaven“ zu rekrutieren (54). Irgendwie sind mir die stolzen Franzosen sympathisch, ich weiß auch nicht warum, obwohl dort Stimmen laut wurden, die von einer Überschwemmung durch Migranten faselten. Ebenso sieht Marine Le Pen in Frankreich eine fortschreitende Zersetzung der nationalen Identität und empfindet die Einwanderung eher als Ballast und weniger als Chance. Im gutmenschlichen Deutschland muss man diese Frau einfach nur zum Kotzen finden, denn in der Blödel-Republik werden bekanntlich andere Töne angestimmt. Wer es hier in seinem eigenen Land wagt, auf diverse Missstände der Einwanderungspolitik hinzuweisen, der kann nach demokratischer Manier nur ein Kotzbrocken von ewig gestrigem Nazischwein sein. Überhaupt wimmelt es in der BRD nur so von Nazis, man kann sie hinter jedem politischen Thema ausfindig machen: Wer für die D-Mark ist, ist ein Nazi. Wer für Kontrollen an den Staatsgrenzen ist, ist ein Nazi und wer für eine kontrollierte Einwanderungspolitik ist, ist ebenfalls ein Nazi - wobei diese Logik kein normaler Mensch verstehen muss. Doch wer gegen Einwanderung ist, wird zum Abschuss freigegeben und zur ultimativen Nazi-Drecksau degradiert, die man von allen Seiten, ohne moralischen Schutz, abschlachten darf.

Das Deutschtum wird in diesem Land offen als vulgär, widerlich und abartig empfunden. In den Parlamenten und Medien sitzen bereits viele Deutschlandhasser, die sich Demokraten schimpfen und fleißig daran arbeiten, den Nationalstaat endgültig zu zerlegen, um eine multi-ethnische Gesellschaftsordnung zu etablieren. Das nationale Gedankengut wird von diesen landesverräterischen Interessengruppen als Rassismus und Fremdenfeindlichkeit diffamiert. Parteien, die den Nationalismus verkörpern, droht letztendlich ein Verbot. Ist jedwede unliebsame politische Opposition von der Bildfläche verschwunden, werden demokratische Wahlen keinen Systemwechsel mehr ermöglichen - ganz wie damals in der DDR.

In den neuen Bundesländern kennt man diese Art der Politik aus Berlin nur zu gut, weshalb dort die Menschen auf die Straße drängten und vermehrt regierungsfeindliche „Merkel muss weg"-Parolen skandierten. Im Osten hat man schlichtweg große Angst, die wiedergewonnenen Freiheiten nach der DDR-Diktatur zu verlieren. Offiziell sah sich die Deutsche Demokratische Republik allerdings als moderne Vorzeige-Demokratie und hatte sogar ein Parlament mit unterschiedlichen Parteien zu bieten – allesamt antifaschistisch, antikapitalistisch und mindestens so verblendet wie unsere heutige Regierung auch. Nun bin ich aber kein Ossi und kenne die DDR nur aus dem Geschichtsunterricht und vom Hörensagen, daher möchte ich mich nicht zu weit aus dem Fenster lehnen. Dennoch attestiere ich den Menschen in den Neuen Bundesländern eine ganz andere Mentalität im Vergleich zu den Wessis. Wenn es um nationale Belange geht, hat man den Eindruck, dass nur noch in den Gebieten der ehemaligen DDR die letzten verbliebenen Deutschen leben und für ihre Interessen kämpfen, während die Bevölkerung in den alten Bundesländern seit Jahrzehnten amerikanisiert und in gutmenschlicher Manier indoktriniert wurde. Deutschland wuchs zwar ein Stück zusammen, doch in den Köpfen der Menschen existiert trotz Wiedervereinigung nach wie vor eine Grenze, die das Land tief spaltet, besonders in der Flüchtlingsdebatte.

Die herrschende Demokratie lässt heute keine abweichenden Meinungen mehr zu, was Zerwürfnisse innerhalb der Gesellschaft hervorruft und ich frage mich, was aus dieser Demokratie geworden ist? Die Menschen stehen immer weniger hinter den politischen Entscheidungen der Regierung, sei es zur Eurokrise, der Ökopolitik oder dem Flüchtlingsdebakel. Viele fühlen sich im Stich gelassen und arglistig hintergangen. „Die Rente ist sicher" lautete einst ein vollmundiges Versprechen der Politik, doch sicher ist nur, dass in diesen Zeiten nichts mehr sicher ist. Was früher nämlich für Stabilität und Sicherheit in der Gesellschaft und im Land sorgte, wird heute von der Politik systematisch demontiert. Die gesunde D-Mark hat man uns genommen und durch einen kränkelnden Euro ersetzt, unter der schamlosen Lüge, dass damit alles besser würde. Heute wissen wir, dass wir nur Probleme durch den Euro bekommen, die wir mit der D-Mark niemals hätten. Die Armen werden in der EU immer ärmer und die Reichen immer reicher, die Ungleichheit nimmt zu, wie eine Oxfam-Studie bestätigt (55).

Wer es sich leisten kann, schottet sich ab, am besten mit einem hohen Zaun und Wachpersonal - Gated Communities, gesicherte Wohnanlagen, sind in Europa voll im Trend, und die Stadt Warschau ist dabei sogar Vorreiter (56). Die Polen sind eben trendy, die Schwachmaten aus der Blödel-Republik sparten hingegen am Grenzschutz und sicherten ihr eigenes Staatsgebiet noch nicht mal gegen äußere Feinde ab. Offene Grenzen lassen ungehindert jede Kriminalität ins Land, und damit ist nicht nur der Autodieb aus dem freundlichen Nachbarland gemeint oder die Schar der unregistrierten Flüchtlinge, sondern ebenso die Cyber-Einbrüche der amerikanischen Geheimdienste (CIA, NSA) in die Computer- und Kommunikationssysteme dieses Landes.

Gibt es überhaupt irgendetwas, gegen das sich Deutschland aktiv verteidigt, um nicht vor die Hunde zu gehen? Im Prinzip können wir doch gleich alle Grenzen abschaffen, wo wäre da der Unterschied zu heute? Selbst die kleinste Einheit im nationalstaatlichen System, nämlich die deutsche Familie, steht vor ihrer Zerstörung - statt den eigenen Nachwuchs zu fördern, was heute wohl zu rassistisch wäre, betreibt man eine unverschämte Umvolkung und ersetzt den rechnerischen Faktor der niedrigen Geburtenrate durch unkritische Massenzuwanderung aus dem islamischen Raum - man kann es gar nicht oft genug betonen, was hier abgeht!

Ja, die Damen und Herren, die diesen Bockmist zu verantworten haben, schämen sich noch nicht einmal dafür, im Gegenteil: Wir sollen uns schämen, für das, was wir sind und für unsere Bestrebungen, dieses Land zu erhalten. Die Gutmenschen zeigen dabei mit mahnendem Zeigefinger auf unbescholtene Bürger und verurteilen die alten Traditionen und Moralvorstellungen als etwas Krankhaftes oder Faschistoides. Neben der Umweltverschmutzung avanciert der Gutmensch immer mehr zur Bedrohung des Menschengeschlechts – der Kampf gegen rechts entpuppt sich im Vergleich dazu als Potemkinsches Dorf. Und wenn man sonst keine Probleme hat, dann macht man sich welche, so wie man aus Ausländern einfach Deutsche mit Migrationshintergrund macht. Von einer deutschen Nation will heute niemand mehr sprechen, denn die darf es nicht geben. In der heutigen Zeit zählt vielmehr das europäische Bewusstsein, sofern dies überhaupt in den Köpfen der Menschen verankert ist – zumindest dürfen die Deutschen für die verpfuschte Euro-Rettungspolitik über den ESM für alle Pleitestaaten der EU haften. Aber das macht nichts, früher oder später ist der Spuk um den Euro eh vorbei, dann gibt's Bürgerkrieg oder sonst was, auf jeden Fall wird es ordentlich krachen im Gebälk, wenn mit mathematischer Präzision das Schuldgeldsystem zum Ende hin kollabiert (57). Aber zum Glück gibt es jetzt die Flüchtlingskrise, die die Bevölkerung von der blöden Finanzkrise medienwirksam ablenkt. Als Europäer haften wir doch gerne für unsere europäischen Landsleute.

Selbst bin ich so euro-patriotisch, dass ich zum Beispiel den Franzosen nicht als Ausländer und erst recht nicht als Feind sehe, sondern wie eine Art von Verwandten, obwohl ich selbst keine direkten Blutsverwandten in Frankreich habe, und die Franzosen nach dem Zweiten Weltkrieg meine Mutter zusammen mit ihrer deutschen Familie aus dem Elsass-Lothringen vertrieben. Schwamm drüber, zuvor hatten die Nazis viele Franzosen aus dem Gebiet verjagt, um gezielt deutsche Familien anzusiedeln, damals nannte man sowas noch Umvolkung und jeder wusste, was vor sich ging. Heute lockt unsere Regierung die Flüchtlinge nach Deutschland und nennt es Asyl, was die Umvolkung jedoch nicht besser macht, sondern nur bis zur Unkenntlichkeit verschleiert.

Aus Verbundenheit zu den Franzosen habe ich mir jedenfalls ihre Hauptstadt angesehen und das Wahrzeichen, den Eiffelturm, der nach seinem Erbauer Gustave Eiffel benannt ist, dessen Vorfahren wiederum aus der Eifel stammten, ein rheinisches Mittelgebirge in Deutschland. Ein deutscher Nachfahre sorgte demnach für das besondere Flair in Paris, einer schönen Stadt, mit vielen alten Gebäuden im Baron Haussmann-Stil, die nur deshalb existieren, weil die Deutschen Paris 1944 nicht in Schutt und Asche legten. Der Nazi-Offizier Dietrich von Choltitz hatte nämlich den Befehl des Führers, Paris zu zerstören, einfach verweigert. Heute gibt es in der Regierung dagegen nur noch Ja-Sager und eine Opposition, die ihren Namen nicht verdient. Ich vermisste in der Flüchtlingskrise die Person, die sich gegen Führer-Merkel stellte und sich weigerte,

Deutschland zu schänden. Doch Land auf und Land ab buckelten alle Amtsträger demütigt vor der Migranten-Doktrin, denn jeder wusste, dass eine Kritik am System das Ende der politischen Karriere bedeutete. Kein Landrat eines Kreises und kein Minister eines Landes werden sich je gegen das Diktat aus Berlin erheben, solange ihre Bezüge pünktlich zum Monatsende auf dem Konto landen. Niemand beißt in die Hand, welche einen füttert, außer tollwütige Gutmenschen, doch die bekommen als Belohnung ein Leckerli, solange sie als Köter gegen jeden Feind des rotgrünen Multi-Kulti-Wahns bläffen.

Integration heißt Islamisierung

Aber kommen wir zurück zu Frankreich und den Franzosen, die sind nämlich bekanntermaßen ein sehr stolzes Volk und schwelgen voller Selbstbewusstsein in ihrer Vergangenheit, während wir uns dafür schämen. Die Franzosen sind dabei trotzdem so tolerant, dass jeder, der französisch denkt und französisch spricht, ein Franzose werden kann. Was spricht also dagegen, es den Franzosen gleich zu tun und etwas mehr Nationalstolz zu beweisen? Jeder Mensch, der deutsch denkt und deutsch spricht, könnte doch irgendwann zum waschechten Deutschen werden – niemand muss dafür seine Wurzeln aufgeben. Sogar ein Flüchtling kann ein Deutscher sein, wenn er denn nur will.

Wir müssen die Migranten eindeutschen und darauf pochen, dass sie unsere Werte übernehmen, aber auch hier läuft es wieder andersrum: Die Neujahrsansprache der Kanzlerin wurde Ende 2015 das erste Mal vom gebührenpflichtigen Beitragsfernsehen übers Internet mit arabischem Untertitel bereitgestellt (58), ebenso wurde die Internetseite des Bundestags um eine arabische Ausgabe erweitert, inklusive bunten Illustrationen, worauf eine kopftuchtragende Frau zu sehen ist. Wer sich die arabischen Einflüsse auf eigentlich deutschen Internetseiten anschaut, muss sich unweigerlich so fühlen, als wäre Deutschland über Nacht von Arabern kriegerisch besetzt worden, die uns nun die arabische Sprache und Kultur aufzwingen. Aber nein, dies geschieht alles freiwillig und wird von der höchsten politischen Ebene in Berlin abgesegnet. Wenn dieser Prozess der Islamisierung nicht gestoppt wird, sehen wir in vierzig Jahren in Schland, denn Deutschland wird es nicht mehr sein, die Nachrichten in Arabisch mit deutschem Untertitel. Außerhalb des Internet treffen wir aber auch heute schon auf die arabische Kultur der Flüchtlinge. Supermärkte buhlen in arabischer Schrift und mit islamkonformer Halal-Nahrung um die neue Kundschaft, und wie selbstverständlich lagen Anfang 2016 in den Sparkassen die Informationsbroschüren in arabischer Sprache aus, um Flüchtlinge für ein Girokonto zu begeistern (59).

Es ist schon erstaunlich, wie schnell die dunklen Gestalten aus dem islamischen Raum, die an jedem Grenzzaun, an dem sie aufgehalten wurden, zum Marodieren neigten und dabei „Allahu akbar" riefen, in Deutschland nun zum willkommenen Neubürger erklärt wurden. Warum hat unsere Regierung eigentlich nicht die christlich geprägten Latinas aus den armen Favelas von Südamerika nach Deutschland eingeladen statt männliche Muselmanen aus dem Nahen Osten, die mit den einheimischen Deutschen um die letzten gebärfähigen Frauen konkurrieren? Die Mehrheit der Flüchtlinge sind männlicher Natur, die sich generell gewaltbereiter zeigen als Frauen. Soll unsere Bevölkerung wachsen, bräuchten wir aber mehr Frauen als Männer, denn eine Frau kann nur von einem Mann schwanger werden, aber ein Mann kann theoretisch hundert Frauen schwängern. Bunte Mischmasch-Kinder kämen zwar bei beiden Varianten heraus, wobei die Kinder der Latinas nicht muslimisch wären, die der Muselmänner wahrscheinlich schon. Von mir aus können auch junge Frauen aus Afghanistan und Syrien nach Deutschland einwandern, wenn sie sich so attraktiv und weltoffen geben wie eine Wana Limar oder Alisar Ailabouni, wobei die Deutschen diese Art der Flüchtlinge lieben würden. Islamische Kopftuch-Muttis brauchen wir dagegen eher weniger, stattdessen empfängnisbereite Single-Ladies für den introvertierten deutschen Mann, damit er sich keine Thailänderin oder Russin kaufen muss. Diese Ausführung klang zwar jetzt total sexistisch, entspräche aber weitestgehend der Wahrheit.

Wer es jedoch wagt, einen Menschen nach religiösen oder äußerlichen Kriterien zu beurteilen, wird zum Rassisten verunglimpft, den es auszurotten gilt. Aber ist es nicht von Natur aus eine Selbstverständlichkeit, zwischen Dingen zu differenzieren? Eine Weißwurst ist schließlich keine Bratwurst, aber alles ist Wurst. Zur Schande gibt's übrigens noch Hunderassen wie den Deutschen Schäferhund, eine Rasse, die vermutlich länger existieren wird als die deutsche Nation. Und ich frage mich, warum es bei fast allen Tieren vollkommen in Ordnung ist, für die Reinhaltung der Rasse zu sorgen, während selbiges bei der Tiergattung „Homo Sapiens" verpönt wird? Stehen die Menschen jetzt über oder unter den Tieren? Wenn es einen Artenschutz für Tiere gibt, warum gibt es für uns Menschen keinen Artenschutz? Wer hat es auf der Welt zum Dogma gemacht, aus uns Menschen ein buntgewürfelter Haufen zu machen?

Wenn Gott gewollt hätte, dass wir alle bunt sind, hätte er uns bunt gemacht und nicht nach Ethnie domestiziert. Vielleicht waren es aber auch außerirdische Kulturen, die den modernen Menschen fabrizierten, jedenfalls muss hinter der Schöpfung der Menschheit eine weitaus höhere Intelligenz gestanden haben als die der gegenwärtigen Gutmenschen. Aber heute wollen die

Minderbemittelten den lieben Gott spielen, sie wollen uns sagen, wie wir zu sein haben, sie wollen uns nach ihren krankhaften Fantasien wie ein Stück menschgewordenes Fleisch bis zur Unkenntlichkeit in der multikulturellen Mühle durchwursteln, uns dabei zu blinden und taubstummen Zahnrädern eines kapitalistischen Uhrwerks formen, das den Takt zur Zerstörung der nationalen Identität vorgibt. Immer wenn ich mir die Menschenmasse der Flüchtlinge in den Medien anschaute, meine Augen diese Informationen an meine Synapsen weiterleiteten und sich in meinem Gehirn ein Unbehagen manifestierte, konnte ich aus dieser persönlichen Wahrnehmung heraus sagen, dass mir nicht gefiel, was ich sah und ich mir aus wissenschaftlichen Gründen nicht vorwerfen lassen muss, ungewöhnlich zu reagieren.

Die Wissenschaft ist sich nämlich darüber im Klaren, dass ein Mensch sein Gegenüber nach dem ersten Blick binnen Sekunden mustert und sich danach ein Empfinden einstellt, doch in der politisch korrekten Gesellschaft dürfen wissenschaftliche Fakten nicht immer auf den Tisch gelegt werden, sonst kommt die gutmenschliche Inquisition und brandmarkt einen als Faschisten. Merkwürdig nur, dass Unternehmen und Behörden sich dieser Erkenntnis bedienen und ihr Personal in eine Dienstkleidung zwängen. Wir erkennen sofort den Unterschied zwischen einem Paketboten und einem Polizisten, aber wir dürfen keinen Unterschied zwischen einem Neger und einem Europäer erkennen. Schon das Wort „Neger" gilt heute als pejorativer Wortgebrauch, man soll es also nicht sagen, da es abwertend klingt.

Komisch, als ich noch ein Kind war, fand sich der Begriff „Neger" in allen Schulbüchern, aber Zeiten ändern sich und der Negerkönig aus Pippi Langstrumpf wurde gemäß der Neusprech-Doktrin längst zum Südseekönig erklärt (60). Demnächst kommen dann keine Schwarzafrikaner, sondern Südseekönige als Flüchtlinge daher, die in Deutschland annähernd so behandelt werden, als wenn sie unsere Gebieter wären. Das äußere Erscheinungsbild führt beim gutmenschlichen Deutschen ohnehin zu einer Verhaltensänderung, denn wird ein Migrant als solcher an seiner Kleidung oder seiner Hautfarbe erkannt, wird der Gutmensch gleich doppelt so freundlich wie zuvor.

Aber dieses Wohlwollen beruht nicht unbedingt immer auf Gegenseitigkeit. In Duisburg-Marxloh, einer sogenannten No-Go-Area, lösen Polizeiuniformen zum Beispiel bei einigen Deutschen mit Migrationshintergrund eher eine Respektlosigkeit aus, denn erfahrungsgemäß hat der Migrant von der Polizei nichts Schlimmes zu befürchten. In diesem Land gibt es nämlich keine kriminellen Ausländer und wenn doch, dann darf die Herkunft des Straftäters nicht genannt werden - dies wäre politisch unkorrekt. Der umstrittene Pressecodex, wonach die Herkunft der Täter in der Berichterstattung verschwiegen wird, wurde im Frühjahr 2016 vom Presserat extra noch einmal bestätigt (61). Aus drei jungen islamischen Flüchtlingen aus Afghanistan, die ein jüdisches deutsches Mädchen vergewaltigen, werden kurzerhand drei Jugendliche, die sich an einer Gleichaltrigen vergingen. Solange die Herkunft und Religion zensiert werden, muss sich die Presse den Vorwurf der Lügenpresse gefallen lassen. Die Medien spielen den Moralapostel, berichten vorzugsweise regierungskonform und überziehen das Land mit einer famosen Lügen-Propaganda.

Deutsche mit Migrationshintergrund werden sowieso nur kriminell, weil die deutsche Gesellschaft bei der Integration gnadenlos versagt hat und nicht ausreichend Finanzmittel für die Intensivbetreuung bereitstellt – solche Dinge behauptet tatsächlich die Migranten-Lobby. Weiter werden kriminelle Handlungen oder Gewaltausbrüche bei Flüchtlingen meist auf ein anderes kulturelles Verständnis oder eine schwere Traumatisierung zurückgeführt. Dem

Deutschen möchte man eintrichtern, dass es sich im Grunde genommen bei allen Migranten um gute Menschen handelt, die mit ihrer Herzlichkeit eine Bereicherung für unsere vielfältige Gesellschaft darstellen.

Wer diese Schönfärberei nicht glaubt, wird zum Schämen in die rechte Ecke gestellt, während alle anderen die bunte Kackwurst wie eine Weißwurst genüsslich zuzeln, um sie anschließend politisch-korrekt zu verdauen und sich dabei auf die Nachspeise einer fetten Portion rotgrüner Rotze freuen. Das in Deutschland mittlerweile Regionen entstehen, wo ausländische Banden um die Vorherrschaft kämpfen und sich nachts kein normaler Mensch mehr auf die Straßen traut, müssen wir in dieser multikulturellen Gemeinschaft tolerieren (62). Was uns in Deutschland unter dem Synonym „Integration“ verkauft wird, entpuppt sich im Alltag allzu oft als die bedingungslose und totale Akzeptanz jedweder Marotten von ausländischen Mitbürgern. Wenn jemand nach Deutschland kommt, dann muss er sich uns anpassen und nicht umgekehrt. Aber inzwischen begleiten bei uns schon Ausländer hohe politische Ämter, wie die türkischstämmige Integrationsbeauftragte der Bundesregierung, Staatsministerin Aydan Özoguz (SPD), die offen davon sprach, dass Deutschland längst kein ethnisch homogener Nationalstaat mehr sei und sich alle darauf einlassen müssten, die Veränderungen anzunehmen und nicht nur die Menschen, die zu uns kämen und integriert werden müssten (63).

Derb ausgedrückt, bedeutet dies nicht anderes, dass wir uns damit abfinden sollen, in dem ausgekotzten Zerwürfnis deutscher Migrationspolitik zu sitzen. Wäre die gute Frau eine deutschstämmige Person, sie wäre die größte Volksverräterin der Republik, doch angesichts ihrer türkischen Wurzeln handelt sie natürlich im eigenen Interesse und zum Wohle ihrer Landsleute, genauso wie die baden-württembergische Landesministerin für

Integration Bilkay Öney (SPD), die sich im Land für die islamischen Feiertage einsetzte. Ebenso sieht ein Gesetz vor, das Migranten in allen Gremien anteilmäßig vertreten sein sollen, sofern deren Zusammensetzung sich nicht durch Wahlen entscheidet. Die SPD avancierte zur astreinen Türkenpartei und Gott sei Dank wurde diese Partei bei den Landtagswahlen im März 2016 mit nur noch 12,7 Prozent brutal abgestraft – selbst die AfD schnitt besser ab. Wer sich die Türken als Wahl-Klientel aussucht, darf sich nicht wundern, irgendwann dafür abgestraft zu werden. Noch leben wir in Deutschland – noch! Allerdings haben wir auch viele Türken bei uns, es sind Millionen, um genau zu sein, und diese machen gerne dort ihr Kreuz, wo sie einen türkischklingenden Namen in der Listenaufstellung entdecken.

Ich war selbst Zeuge bei einem Gespräch zu einer Listenaufstellung der CDU, wobei offen darüber geredet wurde, dass sich Migranten auf der Wahlliste gut machen würden, ebenso wie Frauen und gewisse Berufsgruppen mit einem Doktortitel davor. Kein Wunder, dass so viele Politiker beim Erwerb des Doktortitels mächtig schummeln – es dient schließlich der Karriere. Die Migrantendoktrin ist zum Selbstläufer geworden in diesem Schland und je mehr Ausländer als Trojaner in Schlüsselpositionen gebracht werden, desto weniger haben die Deutschen letzten Endes zu melden.

Das multikulturelle Konzept existiert in dieser Gesellschaft allerdings nur als paradiesische Traumprojektion, die sich ausschließlich in den Hohlschädeln der Gutmenschen widerspiegelt. Real existieren hingegen Parallelgesellschaften, worin meist eine islamische Monokultur vorherrscht, die sich neben der deutschen Kultur durch ihre Andersartigkeit offenbart und nicht kompatibel erscheint. Auf einer Computerhauptplatine kann man auch keine AGP-Grafikkarte in einen PCI-Express Steckplatz hineinstecken und erwarten, dass sich auf dem Monitor ein buntes Bild zeigt. Das

Einzige, was man dann zu sehen bekommt, ist ein inhaltsleeres Schwarz, ähnlich dem der CDU, und wäre Deutschland ein Computer, würde ein lauter Piep-Ton im Intervall ertönen, der auf eine Fehlfunktion hinweist. Aber wir Deutschen sind stumm, sagen kein Wort, weil die meisten von Politik so viel verstehen wie von Computern. Unterdessen werden die Moscheen aus dem deutschen Boden gestampft, langbärtige Männer sprechen den Frauen das Recht auf Selbstbestimmung ab, Kopftuchkult und Zwangsehen sind in Deutschland allgegenwärtig, ebenso wie der Ehrenmord (64), der pro Jahr mehr Todesopfer fordert als der rechte NSU-Terror in einem Jahrzehnt. Aber diese Entwicklungen beunruhigen niemanden in der Regierung, aber weh dem, ein Imam verweigert einer deutschen CDU-Politikerin beim Besuch in einem Flüchtlingsheim den Handschlag, dann wird das Geschrei groß und sofort ein Gesetz zur Integrationspflicht gefordert (65).

Lachhaft! Wie weltfremd sind eigentlich unsere Politiker? Der Kampf gegen Rechts ist omnipräsent, doch die importierten Probleme der Einwanderer werden schlichtweg in der Öffentlichkeit unter die kunterbunte Decke gekehrt. Deshalb dürfen wir auch in Bezug zur Flüchtlingsfrage keine adäquate Lösung seitens der Politik erwarten, solange aus der Bevölkerung kein Druck auf die Regierung ausgeübt wird. „Merkel muss weg!" war eine taugliche Parole, doch was geschieht, wenn die nächste Regierung mit anderen Köpfen ein ähnlich perfides Spiel mit uns treibt? Demonstrationsbewegungen wie jene der patriotischen Europäer gegen die Islamisierung des Abendlandes, kurz PEGIDA, sind zwar ein Anfang, jedoch werden diese nicht von der breiten Masse mitgetragen. Bisher wehrt sich nur ein kleiner Teil der Bevölkerung gegen das bizarre Erscheinungsbild der islamischen Kultur in Deutschland.

Nebenbei erwähnt, die Heerscharen an Flüchtlingen, die unser Land überrannten, sind islamischen Glaubens, worunter sich neben den meist jungen Männern unter 30 Jahren auch Kopftuch-Muttis mit kleinen Kindern tummelten. Die Flüchtlings-Kinder sind übrigens ein Lieblingsmotiv der Fotografen, womit die Medien in herzerweichender Manier auf die Tränendrüse der Bevölkerung drücken: Tote Flüchtlingskinder sind dabei besonders dramatisch. Aber das in Deutschland statistisch gesehen rund zwei Kinder pro Woche getötet werden (66), weckt bei der Bevölkerung kein Interesse und ist den meisten als Tatsache schlichtweg unbekannt. Wer will da gegen Flüchtlinge sein, wenn kleine Flüchtlingskinder wie süße Welpen präsentiert werden? Keiner, denn niemand möchte eine dreckige Nazi-Sau sein, sonst fliegt man aus dem Job, wird im Internet angefeindet oder vom linken Mob heimgesucht. Aber so leicht dürfen wir Deutschen uns nicht geschlagen geben, denn das Nazi-Schimpfwort aus dem Munde eines Gutmenschen trifft den Gutmenschen vor allen Dingen selbst, denn der Nazi war auch nur ein Gutmensch – aber dazu später mehr.

Festzuhalten bleibt, dass das Streben der Deutschen nach einer eigenen Identität und besseren Zukunft als nazikrank abgestempelt wird, während alle fremden Kulturen hofiert werden, besonders von staatlichen Stellen und den öffentlichen Medien. In vielen Abteilungen werden in diesem Land bewusst Migranten-Quoten bei der Vergabe von Stellen angestrebt, obwohl es eigentlich als politisch inkorrekt gilt, Menschen explizit nach ihrem Aussehen, der Herkunft oder ihrem Glauben zu beurteilen (67) (68). Irgendwie widerspricht sich die Logik der Gutmenschen, denn umgekehrt wäre eine Quote für Deutsche undenkbar und rassistisch. Offiziell darf in diesem Land niemand diskriminiert werden, aber sollte ein qualifizierter Deutscher bei der Stellenvergabe nur abgelehnt werden, weil er die falsche ethnische Zugehörigkeit aufweist, dann wäre dies ein Rassismus gegenüber der einheimischen Bevölkerung und hätte nicht im Geringsten etwas mit der Integration zu tun, sondern würde eine ungeheuerliche Privilegierung der Ausländer darstellen! Aber so etwas gibt es bestimmt nicht, da bin ich mir total sicher und wenn doch, dann haben die indigenen Subjekte gefälligst ihr braunes Mundwerk zu halten und brav ihre Steuern zu entrichten, der neue Herrenmensch ist nämlich der Ausländer mit flüchtigem Migrationshintergrund.

Nazivergleiche sind natürlich immer politisch unkorrekt, aber in der Tat gibt es unter den Ausländern in der BRD gewisse Gruppen, die sich als etwas Besseres sehen und von Multi-Kulti selbst nichts halten und nur ihre eigene Kultur verbreiten möchten, wie etwa die Grauen Wölfe, eine ultranationale türkische Gruppe, eine Art von türkischen Nazis, wenn man so sagen will, und von der deutschen Regierung werden sie weitgehend in Ruhe gelassen. Der türkische Einfluss ist in Deutschland groß geworden und angesichts der Worte eines bekannten türkischen Staatsmannes wahrlich beängstigend. Recep Tayyip Erdoğan sagte einst: *„Die Demokratie ist nur der Zug, auf den wir aufsteigen, bis wir am Ziel sind. Die Moscheen sind unsere Kasernen, die Minarette unsere Bajonette, die Kuppeln unsere Helme und die Gläubigen unsere Soldaten."* Viel besser hätte man die faschistische Gesinnung kaum auf den Punkt bringen können, die vermutlich auch in den Köpfen von vielen Türken existiert. Unter diesem Aspekt erscheint es ungeheuerlich, dass die türkisch-islamische DITIB den Bau von Moscheen in dieser Blödel-Republik vorantreiben darf, während in der Türkei die freie Religionsausübung von Andersgläubigen weitgehend untersagt bleibt. Aber nicht nur die Christen stehen in der Türkei im Fadenkreuz, sondern auch gewisse Auslegungen der islamischen Religion, wie zum Beispiel das Alevitentum.

Moslem ist nicht gleich Moslem

Dies führte dazu, dass schon vor über 20 Jahren die Aleviten aus der Türkei als anerkannte Flüchtlinge nach Deutschland einreisen durften, aufgrund religiöser Verfolgung. Mittlerweile residieren in der BRD über 500.000 Aleviten, doch diese kamen über Jahrzehnte nach Deutschland und nicht alle auf einmal, wie die hippen Refugees in wenigen Monaten, sodass sich die Aleviten mit der Zeit entsprechend integrieren konnten und als religiöse Gruppierung kaum auffällig sind. Von den in der BRD ansässigen Aleviten besitzen übrigens 175.000 die kurdische Abstammung, eine ethnische Gruppe, die ebenfalls vorgibt, verfolgt zu sein und hier zum Teil Asyl erhält. Doch sicher sind die Kurden auf deutschem Boden keineswegs, denn die BRD nahm auch gleichzeitig Millionen von türkischen Gastarbeitern auf, wovon viele die Kurden offensichtlich verschmähen. Mittlerweile geraten die ausländischen Ethnien im bunten Schland sogar aneinander, wie zum Beispiel im multikulturell bereicherten Mannheim. Dort lieferten sich Kurden und Türken einen Kampf, nachdem die Türken auf dem Marktplatz gegen die kurdische Arbeiterpartei PKK demonstrierten (69). Die Türken schwenkten ihre türkische National-Flagge und hetzten offen gegen die Kurden, entsprechende Videos dazu finden sich auf den Video-Plattformen im Internet. Und als wenn dies nicht genug wäre, führen die nationalistischen Türken in Deutschland ihren Feldzug gegen die Kurden auf allen Ebenen. Sogar eine Drogeriemarktkette wurde schon mit Gewalt bedroht, sodass sich das Unternehmen genötigt sah, keine Spenden für kurdische Hilfsprojekte mehr zu sammeln (70). Aber was wäre gewesen, wenn man sich geweigert hätte, dem türkischen Druck nachzugeben? Wäre dann im Markt ein Bombenanschlag wie in Ankara erfolgt?

Ein Teil der Türken benimmt sich offensichtlich asozial, so wie jene Subjekte, die im Fußballstadion beim Länderspiel Türkei gegen

Island die Schweigeminute für die Terror-Opfer in Ankara mit lauten Pfiffen und Allah-Ausrufen störten (71). Mittlerweile müssen wir in Europa und insbesondere in Deutschland befürchten, als Opfer zwischen die Fronten von Kurden und Türken zu geraten. Aber was soll das Ganze bitteschön? Im Migrantenstadel haben sich alle gegenseitig zu respektieren, denn nur so ist eine multikulturelle Gesellschaft überhaupt möglich. Aber zwischen der Theorie und der Praxis klaffen bekanntlich große Lücken. Die Türken wären in der Türkei sicherlich besser aufgehoben, um ihren Frust dort auszuleben und die Kurden sollten sich ebenfalls in Deutschland benehmen und ihr Kurdistan lauthals im Nahen Osten ausrufen und nicht bei uns.

Vor einiger Zeit erlebte ich selbst hautnah einen Konflikt, vermutlich zwischen einem Türken und einem Kurden, vielleicht waren es auch ein Deutscher mit Migrationshintergrund und ein anderer Deutscher mit Migrationshintergrund, in diesen Zeiten weiß man das nicht so genau, jedenfalls stritten sich zwei männliche Personen auf einem Volksfest, während ich ganz in der Nähe in einem Restaurant am Bierglas nippte. Der laute Ausruf „Kurdistan" hallte plötzlich durch die Gassen, und Fäuste flogen, bis ein Dutzend Polizisten sich der Streithähne annahm. Sicherlich war dies nur ein bedauerlicher Einzelfall, wie die Gewaltorgie im Jahr 2012, als auf einem kurdischen Kulturfest, ebenfalls in Mannheim, die Kurden unverkennbar eine Jagd auf deutsche Polizisten machten (72). Erst als 600 Polizisten zum Einsatz kamen, beruhigte sich die Lage - die Bilanz: 40.000 kurdische Besucher und 80 verletzte Polizisten. Liebe baden-württembergische Türken-SPD, ich glaube, die Integrationspolitik besitzt in Mannheim einen Vorbildcharakter für die gesamte Republik! Das kommt eben davon, wenn man in der Vergangenheit, so wie es die BRD tat, die unterschiedlichsten Ethnien im Land aufnimmt, sei es als Gastarbeiter oder Asylanten, und ihnen alle Freiheiten einräumt. Wären es deutsche Nazis statt gewaltbereiter Kurden gewesen, die Presse hätte sich wochenlang überschlagen und die Politik dazu ermahnt, sofort zu handeln, aber bei Ausländern verstummen solche Meldungen binnen kurzer Zeit, um die fröhliche Stimmung im Migrantenstadel nicht zu gefährden.

Angesichts solcher Entwicklungen ist es mittlerweile ein Hohn, mit welcher Freundlichkeit die Flüchtlinge heute von der Regierung empfangen und umsorgt werden. Die ersten türkischen Staatsbürger kamen noch als demütige Gastarbeiter hierher, um zu arbeiten und um sich etwas leisten zu können. Damit trugen sie ihren Teil zur Gesellschaft bei, doch heute erwarten die rotzfrechen Flüchtlinge, die meist gänzlich ohne Papiere oder Erlaubnis kommen, sofort bei ihrer Ankunft, dass der deutsche Staat sich alternativlos um ihre Belange kümmert. Die Vorzeichen zu damals sind heute völlig anders und so migrantenfreundlich wie unsere Regierung ist, wollen wir natürlich jedem Flüchtling ein menschenwürdiges Leben in unserer superbunten Clique ermöglichen, nach dem Motto: Am deutschen Wesen soll der Flüchtling genesen. Die Kanzlerin wurde von den Flüchtlingen bereits bejubelt (73) wie einst Helmut Kohl nach dem Mauerfall von den Ossis. Ich frage mich nur, wann die ersten Flüchtlinge mit Eiern nach dem Regierungsoberhaupt schmeißen, wenn sie merken, dass hier doch nicht alles Gold ist, was glänzt. Genug Aggressionspotential scheinen unsere ausländischen Freunde nämlich zu besitzen und ausgerechnet ein Türke, der gute Herr Mazyek, seinerseits Vorsitzender des Zentralrates der Muslime, warnte offen vor Integrationsproblemen, insbesondere in Bezug auf die Flüchtlingsströme, wobei die Gefahr entstehen könnte, dass in Deutschland religiöse Konflikte ausgetragen werden (74). Warum bekommen wir solche Warnungen nicht aus Berlin zu hören? Eines muss man den Muslimen in Deutschland daher attestieren:

Moslems sind wenigstens noch bei Verstand und nicht so unzurechnungsfähig wie unsere Regierung. Die Türken lachen doch insgeheim über die Dummheit der Deutschen, und es ist ihnen wahrlich nicht zu verübeln.

Wir dürfen unsere Augen daher nicht vor den Spannungen unter den ausländischen Ethnien und Religionen verschließen, die es mittlerweile in Deutschland gibt. Die meisten Einwanderer sind gekommen, um zu bleiben und um ihre Marotten frei ausleben zu dürfen, ob kultureller oder religiöser Art - daran sollten wir denken! Wenn in der Zukunft auf deutschem Boden ein ethnischer Konflikt entsteht, den es unter Deutschen in dieser Form nie geben würde, dürfen wir uns nicht wundern. Fernab jedweder Integrationsphantasie existiert in unserem Land ein großer kultureller und religiöser Sprengstoff, der im Laufe der Zeit gezündet werden könnte. Je mehr Flüchtlinge unterschiedlichster Art nach Deutschland gelangen, desto gegenwärtiger werden die Konflikte erscheinen.

Noch nicht im deutschen Schlaraffenland angekommen, warfen muslimische Flüchtlinge die Christen unter ihnen aus dem Boot direkt ins Mittelmeer (75). Auf dem Weg ins gelobte Land lieferten sich aber auch Moslems untereinander Gefechte: Während die Flüchtlinge an der kroatischen Grenze festsaßen und auf die Züge zur Fortsetzung ihrer Reise warteten, bewarfen sich Syrer und Afghanen gegenseitig mit Steinen (76). In deutschen Asylunterkünften kam es regelmäßig zu Gewaltausbrüchen zwischen den Ethnien oder Religionen. Muslimische Asylanten hauten besonders gerne auf Christen ein, wie im nordrhein-westfälischen Hemer. Dort wurde ein christlicher Eritreer wegen einer Holzkreuz-Kette von einer Gruppe algerischer Muslime zunächst beschimpft, anschließend mit einer Glasflasche vermöbelt und um sein Handy und Bargeld erleichtert. Danach ging es zusammen mit seiner sichtlich schwangeren Frau, die ebenfalls Schläge abbekam, und einem Begleiter, mit Verletzungen ins Krankenhaus (77).

Wer wünscht sich nicht solche Neubürger als zukünftige Nachbarn? Es scheint, als hätten wir die Täter ins Land gelassen, die ihre Jagd auf die Andersgläubigen bei uns einfach fortsetzen. Flüchtlinge haben zudem keinen Respekt vor der Staatsgewalt. In Suhl (78) attackierten die Migranten unsere Polizei mit Steinen und Eisenstangen, Fenster gingen zu Bruch, kleine Feuer wurden gelegt und neben dem entstandenen Sachschaden hallten laute "Allahu akbar" (Allah ist groß) Ausrufe durch die Nacht - alles nur, weil ein Streit über den Koran unter den Flüchtlingen entbrannte. Die Polizeigewerkschaft warnte davor, dass es fast täglich zu ethnischen oder religiös motivierten Gewalttaten in den Flüchtlingsunterkünften käme und diese zum Teil gut geplant seien (79).

Noch nicht volljährige Asylbewerber können ebenfalls kriminell werden und attackieren oder bespucken voller Übermut die Polizei, wohl wissend, dass sie nach derzeitiger Rechtslage nicht abgeschoben werden dürfen (80). Die Bandenkriminalität von jungen Asylbewerben gehört damit zur Tagesordnung in Schland und weil Mama Merkel nicht genug Kohle rüberwachsen lässt, werden Drogen gedealt und Diebstähle begangen (81), denn die Familie in der Heimat wartet sehnsüchtig auf das Geld. Die Straftaten werden im Asylverfahren übrigens nicht berücksichtigt, außer jemand würde zu mehr als drei Jahren Haft verurteilt, doch dann gäbe es immer noch eine Prüfung, ob die Person abgeschoben werden darf.

Bei dieser laschen Gesetzgebung wunderte es auch nicht, dass zwei Refugees mit Pfefferspray und Machete einfach in den Supermarkt stürmten und eine Angestellte bedrohten, ohne ihr Anrecht auf Asyl zu verlieren (82). Unter den Flüchtlingen häuften sich auch die Fälle von sexuellem Missbrauch in den Asylunterkünften – Zwangsprostitution und Vergewaltigungen von Frauen und Kindern waren keine Einzelfälle (83).

Und jetzt mal ehrlich: Wenn angeblich schutzsuchende Moslems sich so verhalten, wie sie sich eben verhalten, wundert es doch nicht, dass die Slowakei nur christliche Flüchtlinge aufnehmen wollte (84), denn die Christen gehören mit Abstand zu der meistverfolgten Gruppierung. Eigentlich würde es unsere Menschlichkeit gebieten, den Christen in der Asylunterbringung einen Vorrang einzuräumen, nicht weil sie christlich sind oder mehr wert wären als Muslime, sondern weil sie überproportional zu den Opfern islamischer Gewalttaten zählen. Die Slowaken bewiesen jedenfalls einen gesunden Menschenverstand, gutmenschliche Kritiker warfen dem Land hingegen eine menschenfeindliche Gesinnung vor. Überraschenderweise sah aber auch unsere Polizei sich veranlasst, die Flüchtlinge zur Minimierung des Konfliktpotentials in den Sammelunterkünften nach Religion zu trennen (85). Offenkundig vertragen sich nicht alle miteinander, und trotzdem strebt die Politik noch immer eine multikulturelle Gesellschaft im großen Stil an. Wie verrückt ist das denn?

Wenn die Flüchtlinge im Zuge der Einbürgerung auf die deutsche Gesellschaft losgelassen werden, findet keine Trennung nach Ethnie oder Religion mehr statt und wir bekommen es zukünftig vermehrt mit Situationen zu tun wie in der Silvesternacht 2015/16 in Köln, als Moslemherden aus dem Nahen-Osten und dem nordafrikanischem Raum sich an unseren Frauen vergriffen (3). Anfangs berichtete die Presse mit Verspätung darüber und redete die Sache klein. Das wahre Ausmaß der Katastrophe wurde erst Wochen später bekannt, während in der Zwischenzeit immer mehr Meldungen mit ähnlich gelagerten Fällen aus dem ganzen Land eintrudelten. Damit wurde klar: Köln war überall! Den meisten Tätern passierte aber nichts! Zweieinhalb Monate danach wurden ein 23-Jähriger Marokkaner zu sechs Monaten auf Bewährung und 100 Euro Geldstrafe verurteilt, ein 22-Jähriger Tunesier und 18-Jähriger Marokkaner bekamen eine Bewährungsstrafe zwischen drei und zwölf Monaten – allesamt wegen Diebstahls (86). Solche milden Strafen schrecken natürlich niemanden ab, weshalb es auch nicht verwundert, dass in Köln von den nordafrikanischen Flüchtlingen aus Marokko, Algerien und Tunesien über 40 Prozent straffällig werden (87)! Natürlich änderte diese erschreckende Statistik nichts an der Integrationspolitik der Regierung. Doch zum Glück gab die Kölner Oberbürgermeisterin den heißen Tipp, einfach eine Armlänge Abstand zu halten, um nicht Opfer von Migranten-Gewalt zu werden.

Irgendwann kracht es gewaltig

Der Migrantenstadel ist in Deutschland kaum noch auszuhalten. Statt kriminelle Ausländer in ihre Heimatländer abzuschieben, bekommen die Deutschen von der Politik idiotische Benimmregeln aufgetischt – eine Armlänge Abstand und so. In den Ballungsräumen in Deutschland entwickelt sich derweil eine immer unsichere Lage. Am „Kotti", wie die Berliner ihre U-Bahnstation Kottbusser Tor liebevoll nennen, bereichern Diebstähle, Schlägereien und Drogen den Alltag und machen die Gegend zu einer der gefährlichsten in Berlin (88). Bei den Tätern handelt es sich oftmals um Ausländer oder Deutsche mit Migrationshintergrund. Ein Geheimpapier des Landeskriminalamtes Berlin belegte sogar, dass in Berlin hauptsächlich arabische Großfamilien die Unterwelt regieren und für ein Viertel der organisierten Straftaten verantwortlich sind, darunter Drogendelikte, Überfälle und Mord (89). Dass in der

Hauptstadt die Mafia regiert, wurde spätestens im März 2016 für alle sichtbar. Mitten auf der Straße explodierte am heiligsten Tag eine Autobombe und töte dabei einen polizeibekannten Türken, gegen den wegen Drogendelikten, illegalen Glücksspiels und Falschgeld zuvor ermittelt wurde (90). Ist die multikulturelle Bereicherung nicht herrlich bunt in dieser Republik? Wenn es so weitergeht wie bisher und wir dem permanenten Zustrom von Migranten keinen Riegel vorschieben, jedem die deutsche Staatsbürgerschaft hinterherwerfen, dann werden bürgerkriegsähnliche Zustände in der nahen Zukunft zur Realität.

Der amerikanische Geheimdienst CIA sah schon vor Jahren die ersten Anzeichen für einen Bürgerkrieg, damals allerdings während des Euro-Crash (91), woraus geschlussfolgert wurde, dass durch die Krise in Europa viele Millionen in die Arbeitslosigkeit und bittere Armut stürzen und es daraufhin zu schweren Aufständen kommen könnte. Diese Dinge haben wir im Prinzip alle schon gesehen, Millionen EU-Bürger sind bereits arbeitslos und verarmt, doch die Proteste kamen nur hin und wieder an die Oberfläche, wie im Herbst 2015 in Brüssel, als 80.000 Menschen gegen die Sparpolitik des Landes protestierten und die Regierung mit Schlagstöcken, Wasserwerfern und Tränengas gegen die Demonstranten vorging (92). Beim nächsten Ausbruch der Finanzkrise werden aber vielleicht keine Bezüge, Renten und Gehälter mehr überwiesen – wie wohl dann die Situation eskaliert, wenn rein zufälligerweise Millionen von Refugees noch alimentiert werden wollen? Hauen dann die gefrusteten Deutschen auf die Flüchtlinge ein, die sich natürlich wehren, bis die Bundeswehr mit ihren neuen Pumas anrollt und für alle Menschen, gleich welcher Nation, eine Ausgangssperre verhängt, oder verbünden sich die Deutschen, mit und ohne Migrationshintergrund, mit den Flüchtlingen und jagen gemeinsam die Regierung zum Teufel? Ich vermute ersteres, denn ein Sprichwort lautet *„Wenn zwei sich streiten, freut sich der Dritte“* und es scheint, als würde unsere Regierung die Flüchtlinge als weiteren Spielpartner hineinholen, um sie gegen die einheimischen Spielfiguren auszustechen. Die Verantwortlichen aus Berlin sitzen unterdessen im Bunker, stark bewacht, bestens umsorgt und treten als lachende Dritte auf, die mit diktatorischer Militärgewalt zur Ordnung aufrufen und dabei die Demokratie zu Grabe tragen.

Noch besitzen die Deutschen kein großes Gewaltpotential, die Muslime in Deutschland und der EU hingegen schon. In Dänemark marschierten Islamisten vor vielen Monaten mit lauten Allah-Ausrufen und schwenkten während einer Großdemonstration die schwarze Dschihad Flagge des Heiligen Krieges und die weiße Kalifat Flagge (93). Dies verdeutlichte, dass es in Europa bereits Horden von fanatischen Muslimen gibt, die uns christlich geprägten Europäern am liebsten abschlachten würden. Zwar ist nicht jeder radikal, doch nach einer Islam-Studie besitzen rund 7 Prozent der Moslems zumindest eine extremistische Gesinnung (94). Bei einer Million Flüchtlingen, von denen Abertausende ohne Registrierung ins Land gekommen sind, könnten 70.000 Extremisten darunter sein, und unsere Regierung ließ sie allesamt passieren. So hilfsbedürftig und herzlich scheint die Mentalität von einigen Flüchtlingen nicht zu sein und selbst unschuldige Kinder, wie das Flüchtlingsmädchen Reem aus Palästina, welches von der Bundeskanzlerin lieb gestreichelt wurde, hat Zerstörungsphantasien im Kopf und wünschte dem Staat Israel öffentlich die Nichtexistenz (95).

In Deutschland fürchten sich mittlerweile die Juden wieder vor dem aufkeimenden Antisemitismus, der hauptsächlich von den hier lebenden radikalen Islamisten ausgeht. Juden und Moslems sind Todfeinde – eine Tatsache, die in unserem Land nicht ausgesprochen werden darf. Eine weitere Marotte vieler Moslems scheint es auch zu sein, dass innerhalb der eigenen Familie keine Beziehung zu fremden Ethnien, Kulturen oder Religionen geduldet werden. Eine Multi-Kulti Gesellschaft mit strenggläubigen Muslimen ist demnach unmöglich – außer in den Traumfantasien der hirnverbrannten Gutmenschen. Verkehrt die türkische Tochter mit einem Deutschen, wird der Mord zur Ehrensache der Brüder (96). Es ist längst kein Geheimnis mehr, dass die überwiegend muslimischen Ausländer in Deutschland kein Interesse an einer multikulturellen Lebensweise besitzen. Wer als Flüchtling hierherkommt, und die meisten sind nun mal Moslems, will lieber seine Familie, Verwandte und Freunde nachholen und seine eigene Kultur verbreiten, statt sich unauffällig unter das deutsche Volk zu mischen. Im Gegenteil, dort wo Macho-Muslime auftreten, werden die einheimischen Deutschen gemobbt, weil sie deutsch sind (97).

Wenn aus 1.000.000 Flüchtlingen im Jahr binnen weniger Jahre durch Familiennachzug oder Geburtenfreudigkeit fünf oder sieben Millionen Menschen werden, verstummt im deutschen Migrantenstadel irgendwann die Gute-Laune-Musik, und es ertönt nur noch fünfmal am Tag der Ruf des Muezzins. Auf die Jahre hochgerechnet, könnte man die ganze Bevölkerung in den neuen Bundesländern rein rechnerisch mit dem Zustrom an ausländischen Menschen ersetzen. Die ersten Anzeichen sehen wir schon heute, und natürlich werden sie von den Medien als willkommene Bereicherung interpretiert. In einem Fall hieß es, dass Flüchtlinge den Erhalt einer Grundschule in Golzow sicherten, einem Kaff in der Nähe der deutsch-polnischen Grenze (98), weil die Einheimischen zu wenige Kinder machten und deshalb die Schließung der Grundschule drohte. Der Bürgermeister holte zur Lösung kurzerhand zwei gebärfreudige syrische Familien in die 850 Seelen-Gemeinde, und die Presse klatschte, denn die Grundschule hätte wieder genug Kinder und eine Existenzberechtigung.

Wir leben schon in einem merkwürdigen Land, wenn die Existenzberechtigung einer Schule wichtiger erscheint als die Existenzberechtigung des deutschen Volkes. Gebäude vor dem Zerfall zu bewahren mag ehrenhaft sein, doch das deutsche Volk dem Zerfall preiszugeben ist eine Schande. Sollte nach dieser Logik weiter Integrationspolitik in Deutschland betrieben werden, dann tun mir die Ossis leid, denn dort sterben ganze Regionen aus, durch Wegzug in den Westen und durch Geburtenrückgänge. Die Lösung: Wir verfrachten einfach die meisten Flüchtlinge in die neuen Bundesländer, füllen dort die Leerstände mit Menschenmassen und beklatschen das Projekt „Neu-Syrien“ und „Klein-Eritrea“ als Erfolgsmodell für eine gelungene Umvolkung des widerspenstigen Ostens. Was nach einer Albernheit klingt, ist leider purer Ernst: Der Chef des Instituts der deutschen Wirtschaft (IW) forderte von der deutschen Politik, dass sie gezielt die Flüchtlinge in Regionen leitet, die Zuwanderung benötigten, besonders Ostdeutschland, denn dort sei der Ausländeranteil meist unter 2 Prozent und 20 Prozent der Arbeitnehmer mit Schlüsselqualifikationen wären über 55 Jahre (99). Auch er hielt bundesweit 500.000 Zuwanderer pro Jahr für verkraftbar. Dies wäre dann jetzt endgültig der Beweis, dass die Menschen für die Wirtschaft da sind, und die Arbeiterschaft ohne Rücksicht auf gesellschaftliche und kulturelle Verluste beliebig ausgetauscht wird.

Die Mauer hatte eben doch etwas Gutes, denn so wie keiner raus konnte, konnte auch keiner rein. Die Juden in Israel sehen das wohl ähnlich, denn dort steht die neue „Berliner Mauer“ und grenzt Juden von den Moslems ab, politisch unkorrekt aber äußerst effektiv. Die Palästinenser werden heute in Israel eingesperrt, ähnlich wie die Juden damals im Warschauer Ghetto und der Grenzzaun zu Jordanien soll islamistische Extremisten und natürlich die ungeliebten Flüchtlinge abhalten (100). Die Juden haben scheinbar aus der deutschen Geschichte gelernt und daraus ihre Vorteile gezogen. Man stelle sich vor, Deutschland würde ähnlich rabiat vorgehen wie die Israelis, das Ausmaß der Kritik wäre seitens der eingesessenen Gutmenschen nicht auszuhalten. Aber gegenüber Israel sagt keiner was, das wäre nämlich antisemitisch, also pfui, und man nimmt solche Pfui-Dinge einfach nicht in den Mund, sonst wird man selber Pfui und wir wollen ja alle feine Leute einer multikulturellen, toleranten und weltoffenen Gesellschaft sein. Bei uns ist daher alles willkommen, je dunkler und muslimischer desto besser, wobei in dieser Hinsicht die Blödel-Republik Deutschland für andere Staaten nur als abschreckendes Vorbild gilt.

Niemand will so einladend sein wie die Deutschen, darum lassen die reichen Ölstaaten nicht massenweise die Eritreer oder Syrer ins Land. Die Flüchtlinge aus dem Nahen Osten und Nordafrika könnten sich die lange Anreise und die hohen Kosten und Strapazen nach Europa einfach sparen und bei ihren Glaubensbrüdern in Saudi-Arabien, Bahrain, Katar, Oman, Kuwait oder den Vereinigten Arabischen Emiraten anklingeln. In diesen Golfstaaten wird allerdings keine Willkommenskultur gefeiert, daher kommt auch keiner und Schwarzafrikaner, soviel darf man nur unter vorgehaltener Hand sagen, sollen in der arabischen Liga besonders argwöhnisch angesehen werden (101). Aber über diese Art des Rassismus wird Stillschweigen bewahrt, denn es passt einfach nicht in unsere bunte Multi-Kulti-Traumkackwelt, doch seit Menschengedenken wird meist nur unter der eigenen Art gelebt, was letztendlich die scharfe Abgrenzung unterschiedlicher Nationen auf der Welt erklärt. Saudi-Arabien beherbergt zudem das Zentrum der Muslime in Mekka, hierfür stehen im Land sogar 100.000 klimatisierte Zelte (102) bei Mina bereit, jedes 64 m^2 groß und komplett mit Strom, Wasser, einem Bad, einer Küche und einer

Klimaanlage ausgestattet. Rund drei Millionen Gläubige finden in diesen Zelten an 5 Tagen im Jahr eine komfortable Unterkunft, während der islamischen Pilgerfahrt Haddsch - die restliche Zeit stehen die Zelte leer.

Saudi-Arabien könnte rein theoretisch Millionen von Flüchtlingen aufnehmen, würden Sie ihre Pforten öffnen. Doch erstens ist das arabische Königshaus nicht so bekloppt wie unsere deutsche Regierung und zweitens bringt die Glaubensbruderschaft gegenüber Flüchtlingen keine Petrodollars ein. Saudi-Arabien schert sich einen Dreck um die Belange der Flüchtlinge (103) und leistet höchstens einen finanziellen Beitrag statt aktiver Hilfe. Die Saudis tragen vielmehr eine Mitschuld am Elend im Nahen-Osten, da sie über Monate den Jemen bombardierten und tausende Zivilisten töteten, darunter hunderte Kinder, während Millionen Jemeniten dem Hunger und der Not ausgesetzt wurden (104). Die Menschenrechtsorganisation „Human Rights Watch", und „Amnesty International" beschuldigten Saudi-Arabien des Kriegsverbrechens, doch in den öffentlich-rechtlichen Medien werden solche Nachrichten vornehm unterdrückt (105), denn die USA stehen dem saudischen Königshaus bei. Da hat unsere BRD als amerikanisierter Vasallenstaat natürlich die Klappe zu halten, außerdem sind die Saudis solvente Kunden für unsere Rüstungsindustrie. Jedoch besteht kein Zusammenhang zwischen den Waffenlieferungen der westlichen Staaten an kriegstreibende Organisationen und den aktuellen Flüchtlingsströmen auf der Welt – alles nur Zufall, da bin ich mir zu 0,05 Prozent sicher. Und dennoch: Wo bleiben der große Aufschrei und die Empörung der Europäischen Union gegenüber den reichen und flüchtlingsunfreundlichen Golfstaaten? Fehlanzeige! Moslems kritisieren gehört sich nicht in unseren Breitengraden, solange es im Interesse der USA liegt und wenn, dann nur ganz dezent.

Die Saudis dürfen für ihren Wohlstand sorgen und sich hermetisch abschotten, sowie Menschen sich eben in Gruppierungen voneinander abgrenzen, sei es politisch, religiös, kulturell oder gesellschaftlich, um eben den inneren Frieden zu wahren und nicht, weil sie böse sind! Aus den gleichen Gründen versucht man auch beim Fußball die Fans zweier rivalisierender Mannschaften zu trennen, damit es eben weniger Stress im Stadion gibt. Doch unsere Regierung weiß in Sachen ungebremster Einwanderung natürlich alles besser. Der Flüchtlingsansturm kann jedoch eine große Bedrohung für die Stabilität in unserer Gesellschaft darstellen, wenn unterschiedliche und miteinander verfeindete Ethnien und Konfessionen in immer größerer Anzahl ins Land eindringen. Große Einigungen gab es in der Menschheitsgeschichte nur unter autoritären Regimen, wie dem Römischen Reich oder der Sowjetunion, und die Europäische Union ist gerade dabei, in die gleichen Fußstapfen zu treten.

Wenn der multikulturelle Zustrom in Europa zum Chaos führt, während das saudische Königshaus noch im harmonischen Luxus schwelgt, was durchaus im Rahmen des Möglichen liegt, werden die Regierungsverantwortlichen mit Gewalt dafür sorgen müssen, die bunte europäische Gesellschaft im Zaum zu halten. Die Antworten werden sein, drakonische Strafen für kleinste Verhaltensverstöße jedweder Art zu verhängen, wie es Spanien mit dem Maulkorbgesetz „Ley Mordaza“ bereits umsetzt. Wer von dem spanischen Gesetzt noch nichts gehört hat, sollte danach googeln, denn es ist ein Vorbote, was uns in der EU zukünftig blüht, ebenso wie der Vertrag von Lissabon, worin die Tötung von Aufständischen legitimiert wird. Die Zukunft in der bunten Republik einer linksgrünfaschistischen EUdSSR verspricht noch eine Menge an Überraschungen!

Sigmar Gabriel von der SPD bezeichnete besorgte deutsche Bürger immerhin schon als „braunes Pack“ (106), was unweigerlich die Respektlosigkeit vor dem eigenen Volk demonstrierte. Wie lange es wohl noch dauert, bis das braune „Pack“ beim Aufstand vor einem Flüchtlingsheim niedergeballert wird? Die Frage klingt natürlich ein bisschen zynisch, denn noch dürfen in diesem Land viele ihre Narrenfreiheit ausleben, vorausgesetzt die ethnische oder religiöse Zuordnung stimmt. Wenn radikale Moslems auf öffentlichen Kundgebungen gegen Juden hetzen, dann schaut unsere Ordnungsmacht vornehm drüber hinweg (107). Selbiges Verhalten von Deutschen würde wegen Volksverhetzung mit Gefängnis geahndet werden. Vor dem Gesetz sind alle gleich, nur die Deutschen mit Migrationshintergrund sind gleicher und die Flüchtlinge am gleichsten. Dem deutschnationalen „Pack“ werden Auflagen bei öffentlichen Veranstaltungen gemacht, worin etwa das Anziehen von Bomberjacken oder Springerstiefel verboten wird, doch der radikale Salafist darf seine Garderobe tragen und fleißig den Koran verteilen.

Die Äußerlichkeiten, die dem Menschen eine Identität und darüber hinaus eine Zusammengehörigkeit verleihen, werden bei den Ausländern wohlwollend toleriert und bei den Deutschen argwöhnisch zensiert. Unsere Regierung unterdrückt bewusst das Aufkeimen eines deutschnationalen Bewusstseins, wobei ich nicht sagen möchte, dass Bomberjacken oder Springerstiefel dazugehören. Im Nationalsozialismus des Dritten Reichs hätte man die tätowierten, gepiercten, glatzköpfigen Springerstiefel-Nazis als Entartete in ein Umerziehungslager gesteckt. Heute ist es dagegen politisch unkorrekt, einer Volksgruppe mit Migrationshintergrund gewisse Auflagen bezüglich ihrer Verhaltensweisen zu machen. Wenn aber jeder nach seiner Fasson glücklich werden soll, dann bitte auch die Deutschen, inklusive dem braunen „Pack“. Doch die politische Korrektheit wird in der Blödel-Republik auch gerne mal ad absurdum geführt und dann wird den Einheimischen gesagt, wie sie sich zu kleiden haben, um nicht die Flüchtlinge zu provozieren (108). Nicht anglotzen, keine Fotos machen, keine kurzen Sachen anziehen – diese und weitere Empfehlungen gaben schon Schulen für ihre Schülerschaft heraus, mit der Begründung, man wolle die ohnehin schon traumatisierten Flüchtlinge in Schulnähe nicht unnötig provozieren.

Dabei weiß doch jeder, dass der testosterongesteuerte Muselmann besonders gern nach Mädchen im Minirock und Hotpants sabbert, die in seinen Augen nuttiger umherlaufen als die Flittchen in Absurdistan – von wegen traumatisiert! Aber dass die Flüchtlingsmasse die Deutschen provozieren könnte, will niemand hören, stattdessen demontieren wir in multikultureller Vorausschau auch noch unsere Kunstwerke in der Nähe von Flüchtlingsunterkünften, wie im thüringischen Gera (109), wo es die Akt-Skulptur „Heilkraft und Heilkunst" des Künstlers Harri Schneider erwischte – sie war offenbar nicht „refugee-konform". Unter den Nazis wurde ebenfalls unliebsame Kunst verbannt, damals galt sie als entartet und heute ist unsere politische Führung mindestens genauso entartet, und demonstriert mit ihrem Handeln die Einfalt, die in gutmenschlicher Doktrin zur Vielfalt verklärt wird, worin die islamischen Flüchtlinge dazugehören und unsere europäische Kultur eben nicht. Bald werden die Kreuze auf den Kirchtürmen in der Nähe von Flüchtlingsunterkünften abgebaut, unter dem Vorwand, sie gründlich zu reinigen und zur besseren Konservierung im Keller zu belassen. Aber das macht nichts, denn die Kunst ist überbewertet und das Christentum altmodisch und überholt.

Vergessen wir die Flüchtlingsproblematik einfach und widmen uns den wirklich wichtigen Dingen im Leben, wie dem Kochen oder der Musik. Konsumieren ist ohnehin viel besser als das Kritisieren. Der denkfaule Konsummensch, ohne religiöse und nationale Verwurzelung, ist das Leitbild der Zukunft in der Welt der internationalen Konzernokratie, und das Beste ist: Jeder kann mitmachen, sich für den hemmungslosen Konsum verschulden und zum Kreditsklave des Systems werden. Wer sich zu Black-Musik hingezogen fühlt, darf ein Hip-Hopper sein und Schlabberlook tragen, die feine Dame darf mit ihrer schweineteuren Haute Couture vom schwulen Designer stolz umher spazieren und der Fußballfan lauthals seiner multikulturell bereicherten Lieblingsmannschaft hinterher grölen. Egal welche Identitäten wir auf die Probe stellen, alle haben eines gemeinsam: Die Selbstfindung spiegelt sich im äußeren Erscheinungsbild wider. Um möglichst viele Klassenunterschiede und Vorurteile abzubauen, müssten wir aber eigentlich alle nackt sein und dürften uns weder frisieren, noch schminken und müssten stinken wie die Tiere. Zu sein, wie Gott uns schuf, sollte in unseren Breitengraden endlich zum Grundrecht werden und nicht das Tragen von islamischen Symbolen, wie etwa das Kopftuch für die Frau. Die Nacktkünstler - wie eine Milo Moiré oder Micaela Schäfer - sind Vorboten für eine wirklich offene Gesellschaft, wie wir sie in der Zukunft anstreben sollten, statt eine Klientelpolitik für Migranten und Flüchtlinge zu betreiben, unter dem Deckmantel einer falsch verstandenen Integration.

Aber sind wir denn schon so weit? Fast alle würden sich über Nackedeis in der Öffentlichkeit aufregen, doch bei religiösen und politischen Themen halten wir uns mit der Kritik vornehm zurück, da wir uns schlichtweg nicht mehr trauen, das zu sagen, was wir wirklich denken, da wir die Konsequenzen fürchten. Ein Hass-Posting gegen Flüchtlinge bei Facebook kann die Lehrstelle oder 7.500 Euro Strafe kosten, wenn sich jemand von der selbsternannten Moralpolizei über menschenunwürdige Aussagen beschwert (110) (111). Ausländerhetze fällt eben nicht unter die Meinungsfreiheit, so einfach ist das! Aber wie war das nochmal mit den wütenden Moslems, die in aller Öffentlichkeit auf Kundgebungen gegen Juden wettern? Hat da etwa die Staatsanwaltschaft ermittelt? Das Merkwürdige in diesem Land ist, dass es offiziell keine Sittenpolizei gibt, und dennoch herrscht unter den Deutschen die permanente Angst, etwas Falsches zu sagen, wie damals in der DDR. Das Fernsehen präsentiert überwiegend nur noch eine veröffentlichte Version einer gutmenschlichen Meinung und keine öffentliche Meinung aus der Bevölkerung. Stets wird behauptet, dass keine Zensur stattfindet und dass das Weglassen von Information einzig der Neutralität dient, doch glauben Sie solche Aussagen noch? Eigentlich kann sich heute keiner mehr erlauben, nach seiner Meinung frei zu reden. Schuld daran sind die unter uns weilenden Gutmenschen, die es wunderbar verstehen, jeden moralischen Fehltritt, wie ein krähender Hahn, mit größtmöglichem Geschrei zu denunzieren.

In diesem Punkt sollten wir uns von den radikalen Moslems eine Scheibe abschneiden. Die sagen, was sie denken und machen, was sie aussprechen: „Tod den Ungläubigen!“ Die ISIS ist der lebende Beweis und niemand bietet in diesen Zeiten auf der Welt geschlossen dem radikalen Islam wirklich die Stirn. Auch hierzulande wird den Islamisten bei den öffentlichen Veranstaltungen nicht das Maul verboten und so strahlt das Selbstbewusstsein der Salafisten in Deutschland derart aus dem Hintern, dass sich der Otto-Normalbürger, aus Angst vor einem Sonnenbrand, mit dem Dünnschiss-Gelaber der Gutmenschen einreibt, denn schließlich will kein Deutscher ideologisch braun werden. Unter dem Deckmantel der Religionsfreiheit und der treudoofen Toleranz wird uns daher so einiges abverlangt. Übrigens bedeutet die Toleranz übersetzt nichts anderes als „erdulden“ und so gewähren wir in diesem Land den Fremden so ziemlich alles, wovon wir manches selbst nicht dürfen.

Sonderrechte für Menschen erster Klasse

Flüchtlinge durften schwarzfahren in Hamburg, und die Stadt drückte beide Augen zu (112). Bei allen anderen Menschen werden 60 Euro Bußgeld fällig, und wer nicht zahlt, dem droht die Pfändung oder gar Gefängnis, so wie einer 86-Jährigen deutschen Rentnerin, die wegen Schwarzfahrens einsitzen musste (113). Die Witwe hatte offenbar die falsche Abstammung, denn wie aus dem Bericht hervorging, war sie gebürtige Westpreußin und musste mit einer Witwenrente von 560 Euro über die Runden kommen, abzüglich 350 Euro Miete und 120 Euro Nebenkosten. Damit es überhaupt langte, musste die Frau in ihren alten Tagen sogar noch für drei Euro die Stunde putzen gehen. Nur weil ein BILD-Reporter die Formalitäten erledigte und die Strafe zahlte, kam die Frau nach einem Tag wieder frei. An dieser Stelle möchte ich den Werbespruch *„BILD Dir deine Meinung"* zitieren, der den Nagel auf den Kopf trifft. So eine Ungleichbehandlung ist ungeheuerlich und beschämend, aber bei weitem nicht der einzige Fall. Die Deutsche Bahn, die eher für schlechten Service statt für Menschlichkeit bekannt ist, zeigte sich gegenüber illegalen Eindringlingen von ihrer Schokoladenseite – wer als Flüchtling ohne Fahrschein vom Kontrolleur erkannt wurde, bekam einfach einen Gratis-Ersatzfahrschein ausgestellt zum Weiterreisen, sowie jene Deutsche, die Flüchtlinge offiziell begleiteten (114).

Flüchtlinge können sich rotzfrech in die 1. Klasse des ICE-Zugabteils begeben, dem Kontrolleur ins Gesicht grinsen, ausländisches Refugee-Gebrabbel von sich geben und unbehelligt sitzen bleiben, währenddessen der Deutsche brav sein teuer erkauftes Ticket vorzeigt und nur stillschweigend mit dem Kopf schüttelt. Aber wie erkennt man Flüchtlinge überhaupt? An der ausländischen Aussprache, gepaart mit der richtigen Hautfarbe? Wäre das nicht rassistisch, einen Menschen nach äußerlichen Kriterien zu beurteilen? In der Haut des Schaffners möchte ich jedenfalls nicht stecken, doch was die Bahn da treibt, ist ein Spott gegenüber allen Anständigen, die für eine Zugfahrt bezahlen und sich darum bemühen, gültige Reisepapiere mit sich zu führen. Als hier lebender Migrant würde ich mir in diesen Zeiten einen Spaß mit der Bahn erlauben und spontan kostenlose Wochenendtrips in die Metropolen Deutschlands im „Flüchtlingszug" unternehmen – wer für Ausreden zu blöd ist und den deutschen Personalausweis dabeihat, dem droht allerdings ein Bußgeld. „Refugees for free" könnte der neue Werbeslogan der Deutsche Bahn sein, denn in einer Presseinformation lobte sich der Konzern selbst für seine Vorgehensweise, dass über 22.000 Flüchtlinge, die in mehr als 100 Zügen die Grenze überquerten, sicher an ihr Ziel gebracht wurden (115).

Leider zogen hin und wieder einige Flüchtlinge während der Zugfahrt die Notbremse, um mitten auf der Strecke auszusteigen (116). Offenbar taten sie dies, um der Registrierung in einer deutschen Unterkunft zu entgehen oder weil sie ein anderes Reiseziel im Kopf hatten. Flüchtlinge transportiert man daher besser mit dem Flugzeug. Über den gefährlichen Eingriff in den Bahnverkehr wurden natürlich keine Worte verloren und keine Strafen gegenüber Flüchtlingen verhängt.

Als früher ebenso große Menschenmassen ohne Fahrschein transportiert wurden, zeigte sich die Bahn wesentlich effizienter, alle Insassen an ihren Bestimmungsort zu bringen. Sei's drum, Refugees reisen in diesen modernen Zeiten kostenlos im bequemen

Zug durchs Land und dank der Flüchtlingswelle durfte sich die zahlende Kundschaft über nervige Umbuchungen, vollgestopfte Züge und jähe Verspätungen freuen. Die nächste Fahrpreiserhöhung kompensiert dann den Flüchtlingsbonus - irgendjemand muss schließlich bezahlen.

Wem das Bahnfahren zu kompliziert ist, kann aber auch zum Taxi greifen, den es für Flüchtlinge natürlich kostenlos gibt (117). Nein, auch dies ist kein Scherz! Weil es den ortsfremden Asylbewerbern nicht zumutbar wäre, mit dem öffentlichen Personennahverkehr zu bestimmten Terminen pünktlich zu erscheinen, wurden Flüchtlinge kurzerhand mit dem Taxi zu Arztterminen oder Behördengängen chauffiert. Mal 100 Meter um die Ecke, mal 80 Kilometer zur nächsten Behörde, und wenn es länger dauerte, konnte der Taxameter nach 5,5 Stunden Wartezeit inklusive Fahrt weit über 300 Euro anzeigen, die selbstverständlich vom Amt bezahlt wurden. Der Freistaat Sachsen zahlte allein im Jahr 2015 fast 2 Millionen Euro nur für die Fahrtkosten der Flüchtlinge (118)! Der Bund der Steuerzahler nannte dies Steuerverschwendung und der Seniorenrat zeigte sich empört (119), denn für arme deutsche Rentner gab es solche exklusiven Service-Leistungen natürlich nicht. Alle Deutschen mögen vielleicht gleich sein, aber die Flüchtlinge sind eindeutig gleicher! Natürlich hagelte es Kritik, doch die geldverschwenderische Asyl-Industrie lässt sich davon nicht beeindrucken und hält bei Bedarf weiter an den kostspieligen Taxi-Fahrten für Flüchtlinge fest.

Wir sollten uns darüber aber nicht aufregen, denn die bunte Republik bot seit jeher gewisse Sonderrechte für seine auserwählte Klientel: So dürfen zum Beispiel islamische Metzger die Tiere schächten, ihnen die Kehle bei lebendigem Leib ohne vorherige Betäubung durchschneiden, doch dem deutschen Schlachter wird selbiges grundsätzlich verboten. Was bringen eigentlich die

Gesetze, wenn sich gewisse Gruppen nicht daranhalten müssen? Demnächst darf der Flüchtling aus Afrika in Deutschland die Genitalverstümmelung an der Frau vornehmen lassen und die Krankenkasse zahlt, sollten wir jedem sein abscheuliches Brauchtum gewähren. Manch Ausländer forderte hier schon mehr Rechte ein, wie in seinem Heimatland gegeben sind. Als die Türkei in öffentlichen Gebäuden noch ein Kopftuchverbot kannte, durften in Deutschland muslimische Frauen selbiges in öffentlichen Gebäuden tragen. Heute sieht es in der Türkei anders aus, denn der radikale Islam ist auf dem Vormarsch. Das Kopftuch ist zweifelsohne dabei zum Symbol einer extremistischen Auslegung des Islam geworden, worin das Weibsbild unterdrückt erscheint. Der Gutmensch sagt dagegen, dass die Frauen dies freiwillig und gerne tragen, doch dabei wird ausgeblendet, dass die Frauen schon von Kindesalter an dieses Brauchtum herangeführt werden und man sie später mit Schlägen oder dem Tod bedroht, wenn sie sich weigern.

Der Islam kann eben ganz herzlich sein, so herzlich wie randalierende Flüchtlinge im Asylantenheim. Im Prinzip ist es mir egal, was die Moslems treiben, solange sie es in ihrer Heimat tun und uns damit in unserem Land verschonen, außerdem verlange ich, dass sich dahergelaufene Asylanten an unsere Gesetze halten müssen. Wer in Dubai als Frau vergewaltigt wird und es wagt, den Täter bei der Polizei anzuzeigen, wird als weibliches Opfer ins Gefängnis gesteckt – da macht die islamische Rechtsprechung auch bei Ausländern keine Ausnahme (120)! In Saudi-Arabien dürfen die Frauen kein Auto fahren (121) und kritische Bürger, die sich im Internet über die Politik der Regierung auslassen, wie der Blogger Raif Badawi (122), werden mit zehn Jahren Haft und 1.000 Peitschenhieben bestraft. Ein 74-järiger Brite, der seit 25 Jahren in Saudi-Arabien lebte und dort mit selbst hergestelltem Wein erwischt wurde, sollte gemäß der Scharia mit 350

Peitschenschlägen bestraft werden, nachdem er schon ein Jahr im Knast saß (123). Einer Auspeitschung konnte der Mann nur entgehen, weil die britische Regierung sich stark machte und den Beschuldigten nach Hause holte (124). Alle westlichen Staaten müssten eigentlich empört mit dem Zeigefinger auf diese unmenschliche islamische Rechtsprechung zeigen, doch wir stecken nur nichtssagend den Kopf in den Sand.

Sollen wir diesen Islam und dessen Sitten wirklich in Deutschland willkommen heißen? Die Toleranz muss Grenzen haben. Nur weil wir den Ausländern bei uns eine Art von Narrenfreiheit einräumen und alles Mögliche durchgehen lassen, macht dies die Blödel-Republik nicht zu einem besseren Ort, sondern zum bescheuertsten Flecken im ganzen Universum. Jeder normale Staat der Welt stellt innerhalb seiner Grenzen ein festes Regelwerk auf, das den Charakter der indigenen Gesellschaft formt, die nationale Identität manifestiert und für die Sicherheit der eigenen Bevölkerung sorgt – nur Deutschland nicht. Die Araber verbieten deswegen das Christentum und nehmen keine syrischen Flüchtlinge auf, weil sie schlichtweg nicht wollen, dass sich die kulturfremden Elemente verbreiten und das Heimische verdrängen. Dieses Vorgehen ist in ihren Grenzen ihr gutes Recht und würden wir nach dem biblischen Motto handeln „Auge um Auge, Zahn um Zahn“, dann wäre es in Deutschland auch unser gutes Recht, den Einfluss des Islam zu begrenzen und die Flüchtlinge offen zurückzuweisen. Auf die nächsten Jahre verteilt, brauchen wir sicherlich nicht noch mehr Einwanderung, egal wie viel Studien aktuell davon schwärmen und erst recht nicht Millionen von muslimischen Flüchtlingen, die das Fass zum Überlaufen bringen.

Es geht ums Eingemachte

Flüchtlinge braucht sowieso niemand, denn wenn hier jemand etwas braucht, dann sind es die Flüchtlinge, und zwar unsere Hilfe. Aber wobei sollen wir ihnen denn helfen? Dabei, in ihr Land zurückzukehren, was erstrebenswert wäre, wenn dort wieder Frieden herrscht oder dabei, ihnen die Hosentaschen mit Geld zu füllen, damit sie im reichen Westen sich all jene Dinge leisten können, wofür sie in ihrer Heimat hart schuften müssten? Diese und viele weitere Aspekte über die Flüchtlingsproblematik bleiben jedoch von der Politik unbeantwortet und die Masse der Bürger traut sich nicht, eine Meinung frei heraus zu sagen, aus Angst, öffentlich denunziert zu werden, dabei steht unser aller Wohlstand auf dem Spiel. Wer in seiner eigenen Wohnung nicht die Tür verschließt und mit jedem Fremden alle Ressourcen teilt, wird bald selbst nichts mehr besitzen. Insofern ist es die bloße Abgrenzung, die unseren persönlichen Wohlstand gewährleistet, sowohl auf privater als auch auf staatlicher Ebene. Der Staat erhöht die Steuern und Abgaben für alle und füttert mit unserem Geld die Masse der Flüchtlinge durch. Die Formel dahinter ist ganz einfach: Wir werden ärmer und die Profiteure der Asyl-Industrie immer reicher.

Mit der Flüchtlingskrise entstand ein neuer Verteilungskampf um die Ressourcen in der Gesellschaft, und wenn dies die Deutschen nicht begreifen, werden sie dabei nur verlieren. Wir dürfen uns nicht für die Interessen der Anderen einspannen lassen, sondern müssen auf unsere Bedürfnisse aufmerksam machen und dabei der Regierung das Steuerruder notfalls aus der Hand reißen. Deutschland ist gerade mit Volldampf dabei, wie die Titanic, den Eisberg zu rammen und auf Grund zu laufen. Wenn die rotgrüne Politik die Ressourcenverteilung in der Flüchtlingskrise nicht zur Diskussion stellt, dann wird dieses Thema zwangsläufig anderen Kräften in diesem Land zuteil und führt zur Spaltung in der

Gesellschaft. Unsere Nation kann jedoch nur existieren, wenn sich alle Bürger zum deutschen Staat bekennen, auch die Deutschen mit Migrationshintergrund, die hier schon lange leben – wir alle sind das Volk. Aber den meisten Menschen wohnt ein Schamgefühl inne, als „rechts" angesehen zu werden, weshalb sie zu nationalstaatlichen Angelegenheiten lieber schweigen.

Diesen selbst auferlegten Maulkorb gilt es nun abzustreifen, auch auf die Gefahr hin, dass wir uns dabei zum Buhmann der Nation machen. Wenn wir der Problematik der Flüchtlingsströme in Deutschland professionell begegnen möchten, dürfen wir keine Scheu vor einer schonungslosen Diskussion zeigen. Wir müssen alle Seiten durchleuchten und kritische Stimmen nicht einfach als fremdenfeindlich entwerten. Wenn wir uns um die Ängste und Sorgen von Flüchtlingen kümmern, dann muss es auch zur Selbstverständlichkeit gehören, dass sich eine deutsche Regierung auch der Ängste und Sorgen aus der deutschen Bevölkerung annimmt. Die Asylpolitik darf nicht zum Spaltpilz der deutschen Gesellschaft und Europas verkommen. Wenn die berühmte „Mitte" regiert, dann verlange ich von dieser Regierung auch eine Lösung für die breite Masse und keine Arschkriecherei in Sachen Asylpolitik gegenüber einer linksgrün-verkackten Multi-Kulti-Klientel. Die politische Landschaft ähnelt in ihrem Aussehen ohnehin dem menschlichen Arsch und zwischen der linken und der rechten Arschbacke sitzt in der Mitte die Arschritze, und wenn wir mit dem Finger darin entlang gleiten, bis wir auf einen Widerstand stoßen und diesem mit Druck begegnen, stoßen wir im schlechtesten Fall auf übelriechende rotgrüne Scheiße, die in ihrer Konsistenz zwar ästhetisch erscheint, doch in ihrem Gestank nicht weniger abstoßend wirkt wie hässlich braune Kacke.

Der Rassenwahn der Nationalsozialisten, die im Deutschen den Arier sahen, ist doch genauso behämmert, wie der aktuelle Multi-

Kulti-Wahn der heutigen Demokraten. Ich mag die Mitte nicht und ich mag die radikalen Linken genauso wenig, wie die radikalen Rechten, denn egal welche Seite bisher das Zepter in der Hand hielt, letztlich kam immer nur das Elend dabei heraus. Der Nationalsozialismus sowie der Ostblock-Sozialismus sind gescheitert, und genauso werden die westlichen Demokratien ihren Abgang erleben – alles nur eine Frage der Zeit – und ich möchte nicht, dass sich in Europa die Muselmanen breitmachen und uns Europäer dabei verdrängen. Für alle jene, die es bis heute nicht mitbekommen haben: Der Kampf der Kulturen hat bereits begonnen und wir Europäer werden verlieren, sollten wir nicht zu unserer alten Stärke zurückkehren.

Früher metzelten wir fremde Kulturen einfach nieder, zwangen ihnen das Christentum auf und legten Menschen in Ketten. Heute ist gerade die islamische Bewegung dabei, selbiges mit uns zu tun und die Muselmanen werden so erfolgreich sein wie die Europäer bei der Kolonialisierung der Welt, wenn wir ihnen nicht bald mit der erforderlichen Härte begegnen. Ich will mir nicht von dahergelaufen Moslems meine Kultur und meine Zukunft kaputt machen lassen und ich verabscheue unsere Regierung für ihr Handeln, sodass ich mir insgeheim widersprüchlich wünsche, der Islam solle sich doch endlich so stark in Deutschland ausbreiten, dass er diese teuflische Regierung in die Hölle schickt, denn die gutmenschlichen Deutschen werden es sicherlich nicht tun.

Ich bin mir auch sicher, dass die deutsche Variante der Demokratie, die uns von den Alliierten wie ein Kondom einfach übergestülpt wurde, nicht der Weisheit letzter Schluss ist, sondern lediglich das auserwählte Mittel, um die BRD gehorsam in die westliche Wertegemeinschaft einzugliedern, die zweifelsohne von den USA dominiert wird. Unsere Regierung handelt nicht im nationalen Interesse, sondern nur für das internationale Großkapital aus

Übersee. Die Deutschen mauserten sich mit den Jahrzehnten nach dem Zweiten Weltkrieg von den Herrenmenschen zu putzigen rotgrünen Minions (Lakaien) einer schurkenhaften US-amerikanischen Regierung. Wir Deutschen sind nicht frei in unserem Handeln, was Finanzminister Wolfgang Schäuble präzise bei einer Rede auf dem European Banking Congress im Jahr 2011 mit dem Satz *„Und wir in Deutschland sind seit dem 8. Mai 1945 zu keinem Zeitpunkt mehr voll souverän gewesen"* vortrefflich formulierte, auch wenn diese Rede in einem völlig anderen Kontext stand (125).

Solange wir uns nicht wieder emanzipieren, haben wir jedenfalls nichts zu melden und tanzen nur nach der Pfeife der Anderen und ganz besonders nach der Laune der US-Amerikaner, die mit der Ramstein Air Base bei Kaiserslautern den größten militärischen Stützpunkt außerhalb der USA betreiben. Zu allem Übel stationierten die Amis in Deutschland auch noch ihre Atombomben im rheinland-pfälzischen Büchel (126) und provozieren damit die Russen, die sich Gegenmaßnahmen überlegen (127). Wir verstoßen damit gegen den Atomwaffensperrvertrag, wonach Atomwaffen nicht beliebig verteilt werden dürfen, doch das interessiert niemanden in der Regierung. Die „Ami go home"-Parole ist zwar nicht mehr salonfähig, dennoch habe ich keine Lust, dass von hier aus die Atomwaffen in Richtung Russland abgefeuert werden, die Russen mit entsprechen Atombomben darauf antworten und Refugee-Deutschland bombardieren, während die USA auf ihrem Kontinent verschont bleiben. Ich möchte nicht, dass unsere Regierung unser Land zum Spielball internationaler Interessen macht. Die USA sind eigentlich das Kind der Europäer, das Produkt einer europäischen Masseneinwanderung auf einem fremden Kontinent.

Noch steht die BRD aber unter dem Besatzungsstatut der alliierten Siegermächte, wobei sich Russland völlig zurückzog, doch die USA stellen nach wie vor Zehntausende Soldaten auf deutschem Boden bereit, die von hier aus die militärische Zerstörung und den Tod in die Welt (128) bringen. Ebenso zählen die USA zum größten Waffenexporteur der Welt, gefolgt von Russland und der angeblich friedliebenden Bundesrepublik Deutschland. Unsere Regierung stellt sich zwar gerne als wahrer Menschenfreund dar und heißt alle Flüchtlinge willkommen, aber dass die BRD als NATO-Mitglied auch die Missstände in jenen Krisengebieten mit zu verantworten hat, woher die Flüchtlinge strömen, wird öffentlich von allen Seiten dementiert. Schließlich sind wir die Guten. Wir brechen keine Kriege vom Zaun, sondern führen nur Friedensmissionen. Da fragt man sich aber, was die Bundeswehr in Afghanistan treibt, wenn die Flüchtlinge von dort nach Deutschland kommen? Offensichtlich sind die deutschen Militäreinsätze ineffizient und verursachen nur hohe Kosten ohne positiven Nebeneffekt. Es wäre daher angebracht, dass die BRD keine Soldaten mehr ins Ausland entsendet. Aber auch die USA sollten sich militärisch zurückziehen und die Menschen nicht mehr vor angeblich bösen Machthabern retten, deren größtes Verbrechen es war, gegen die USA zu rebellieren, wie einst Saddam Hussein oder Muammar al-Gaddafi.

Natürlich haben diese Diktatoren eine gehörige Portion Dreck am Stecken, und keiner ist ein wahres Unschuldslamm, doch statt Frieden brachten die Militäreinsätze der USA und NATO nur noch größeres Leid hervor. In Syrien sahen wir den Zerfall eines Landes, das von einem Bürgerkrieg heimgesucht wurde. Der Westen tolerierte dies insgeheim, man wollte Baschar al-Assad vom Thron jagen - dies behauptete zumindest die syrische Regierung und gab Europa offiziell eine Mit-Schuld an den Millionen syrischer Flüchtlinge (129), die sich zum Teil in die EU aufmachten. Die Syrer werden aber nicht die einzigen Kriegsflüchtlinge bleiben. Mit einem baldigen Frieden ist auf der Welt ohnehin nicht zu rechnen, eher das Gegenteil dürfte eintreten, wenn schon das US-Militär in einem Strategiepapier von einer wachsenden Kriegsgefahr mit einer Großmacht wie Russland oder China sprach (130). Schauen wir uns den Globus näher an und markieren alle Länder, die auf der Abschussliste der USA bzw. NATO standen oder immer noch stehen, dann scheint es so, als würde sich ein Band der Zerstörung quer von Nordafrika bis nach Zentralasien abzeichnen.

Mit den scharfen Krallen einer Raubkatze reißt die NATO tiefe Wunden ins Fleisch ganzer Länder und stellt dabei eine Region nach der anderen auf den Kopf, bis die alte Ordnung zerfällt. Auf der Welt wachsen die Unruhen zusehends. All dies geschieht nur, weil eine mächtige Interessengemeinschaft das Ziel einer globalen Neuen Weltordnung anstrebt, einer „New World Order" oder kurz NWO. Die Flüchtlinge sind vielleicht nur ein Symptom für den Ausbruch eines Dritten Weltkriegs. Natürlich wird dies als Verschwörungstheorie abgestempelt, doch ein Zitat von Franklin D. Roosevelt ist nicht von der Hand zu weisen und aktueller denn je: *„In der Politik geschieht nichts zufällig. Wenn etwas geschieht, kann man sicher sein, dass es auch auf dieser Weise geplant war."*

Beängstigend ist in diesem Zusammenhang eine Aussage vom ehemaligen Innenminister Hans-Peter Friedrich, der offen davor warnte, dass zehntausende Flüchtlinge ohne Registrierung in Deutschland einreisen konnten und keiner wisse, wie viele davon IS-Kämpfer seien und man habe die Kontrolle verloren (131). Eigentlich müssten solch mahnende Worte vom amtierenden Innenminister stammen, doch offenbar dürfen Staatsdiener erst unbequeme Wahrheiten aussprechen, wenn sie nicht mehr aktiv im Amt sind. Aber was soll uns das Gebrabbel überhaupt bringen? Laufen demnächst die als Flüchtlinge getarnten IS-Kämpfer in

Deutschland Amok? Vielleicht, und dann gibt es wieder Todesopfer wie beim islamischen Terrorakt vom November 2015 in Paris, der über 129 Menschenleben forderte. Aber solche Dinge beunruhigen eine deutsche Regierung offenbar wenig, sie sorgte sich stattdessen um einen besseren Schutz für die Flüchtlinge vor dem deutschen Rechtsextremismus (132). Kriminelle Ausländer, die nach Deutschland kommen, gibt es nämlich nicht, das weiß doch jeder gutmenschliche Vollidiot und wenn doch, sind dies sicherlich nur bedauerliche Einzelfälle!

Der Feind der Regierung

Die wahre Gefahr für die Regierung geht vielmehr nur vom eigenen Volk aus, daher werden alle Deutschen, auch jene mit Migrationshintergrund, akribisch bei der Ausweiserstellung per Gesichtsfoto biometrisch erfasst, ebenso der Fingerabdruck. Im Alltag werden die Datenströme von Telefon- und Internetmedien, sowie die Kontobewegungen des Personals in Echtzeit gescannt – es könnte sich ja eine terroristische Aktivität darunter verbergen (133). Das Personal sind übrigens wir, beziehungsweise alle Bürger, die im Besitz eines deutschen Personalausweises sind – der Name sagt schon alles. Experten behaupten allerdings, dass sich das Personal im Ausweis vom lateinischen „personalis“ ableitet und „persönlich“ bedeutet und der Begriff daher nichts mit einer Dienerschaft gemein hätte, denn die Diener des Volkes seien die Abgeordneten und säßen im Parlament. Experten irren sich nie, im Gegensatz zum Mustafa-Normalbürger, der denkt, dass er mit einem deutschen Personalausweis die deutsche Staatsangehörigkeit besitzt. Dem ist aber nicht so, da der Perso lediglich die Vermutung der deutschen Staatsangehörigkeit nahelegt. Nur der Staatsangehörigkeitsausweis (134) stellt verbindlich die deutsche Staatsangehörigkeit fest, eine

Urkunde, die sozusagen die arische Volkszugehörigkeit beweist, wobei der eigentliche Rassen-Pass wiederum der Personalausweis wäre. Was kompliziert klingt, ist einfach erklärt: Die Nazis fingen erstmals in Deutschland damit an, ein modernes Passwesen einzuführen, wobei ursprünglich nur die Juden eine entsprechende Ausweispflicht hatten, die jedoch später auf die gesamte Bevölkerung ausgeweitet wurde. Während die Nazis noch versuchten, die Juden umständlich durch manuelle Vermessung der Gesichtsform und der Augen-, Ohren-, Mund- und Nasenabstände wissenschaftlich als Untermenschen zu kategorisieren, vereint der moderne Personalausweis jene Naziphilosophie der Rassenlehre mit der modernen Erfassung von biometrischen Daten.

Ein einheimischer Deutscher hat definitiv ein anderes biometrisches Muster (körperliche Merkmale) als ein Schwarzafrikaner oder Asiat. Nebenbei bemerkt: Viele Flüchtlinge sind uns biometrisch gar nicht mal so unähnlich und unter den Frauen gibt es auch viele Hübsche, allerdings sieht man dies nicht hinter dem Schleier, was wohl der eigentliche Sinn der Verschleierung ist und mit ein Grund für meine kritische Haltung gegenüber dem Islam. Die Muselmänner dürfen mit den Weibchen rumhuren, doch die Muselfrau darf nichts dergleichen – sexuelle Gleichberechtigung stelle ich mir anders vor. Strenggläubige Muslime gehen dafür sogar extra eine nach der Scharia konforme Kurzzeit-Ehe (135) ein, solange das Liebesspiel eben dauert. Das moralische Verständnis der Muslime ist jedenfalls sehr „speziell". Eventuell kann eine Kurzzeit-Ehe während einer Orgie auch für mehrere Tage geschlossen werden, ich weiß es nicht genau, jedenfalls verhalten sich einige Moslems scheinheilig und sind in Wirklichkeit nicht weniger am versauten Sex interessiert wie die Christen und alle anderen Menschen auch. Unter dem Aspekt der sexuellen Freizügigkeit in der westlichen Gesellschaft, finde ich es aber total ungerecht, dass der Deutsche wegen dem blöden

Schleierkram keinen Blick auf die islamischen Weibsbilder werfen kann und der Muselmann mit religiösem Gesülze seine Weibchen in den Schleier einlullt, was die freie Entfaltung der Weiblichkeit ins Gegenteil verkehrt.

Der deutsche Schwanz muss sich dagegen mit den anderen Schwänzen messen und um die letzten unverschleierten Single-Frauen kämpfen, die bereits von notgeilen Flüchtlingsbuben umschwärmt werden. In dem Sinne sind die Muslime wieder schlauer als wir, denn sie stechen mit der Verschleierung ihrer Gebärmuttermaschinen sämtliche Nebenbuhler einfach aus. Aber vielleicht sind manche Frauen hinter der Burka auch einfach nur potthässlich, doch das Aussehen ist ohnehin nicht von Belang, zumindest nicht für alle Personalausweisinhaber, denn jeder kann „deutsch" sein, egal welche Fratze man hat, doch inoffiziell könnte die Regierung durch ein Bilderkennungsprogramm die unterschiedlichen Ethnien (Rassen) grob herausfiltern. Die großen Cloud-Dienste machen übrigens nichts anderes. Wird ein Foto z.B. auf OneDrive hochgeladen, scannt das System jene Datei und kategorisiert es automatisch, was bei mir dazu führte, dass ich dreimal als Pferd erkannt wurde, was indirekt eine besorgniserregende Unmenschlichkeit impliziert. „Hü-Hott" - die Technik ist nicht perfekt, aber sie wird immer ausgereifter und die Regierungen nutzen die technischen Errungenschaften gerne, um uns damit zu kontrollieren, was im Smartphone-Zeitalter aber niemanden mehr stört: Hauptsache die Internetverbindung ist schnell, der Empfang stabil und der Akku voller als die Birne hohl ist.

Es schadet sicherlich nicht, manchmal einen Blick hinter die Kulissen zu werfen und über einige Dinge nachzudenken. In der Flüchtlingsfrage könnten wir dabei immer mehr zur Erkenntnis gelangen, dass das momentane Chaos überhaupt kein Durcheinander darstellt, sondern eine gezielte Aktion der Regierung ist, um binnen kurzer Zeit nachhaltige Effekte in der demographischen Umgestaltung der Gesellschaft zu erreichen. Die Bevölkerung wächst in Deutschland inzwischen rasant, doch der verantwortliche Faktor hinter dieser Entwicklung sind die Immigranten (136). Mitten auf dem rotgrünen Rasen der bunten Republik blüht die türkische Rauke und neuerdings gedeiht die syrische Steppenraute neben dem afghanischen Hanf – hinten in der rechten Ecke, da steht die kranke deutsche Eiche. Der naturverliebte Gutmensch, auch Öko-Nazi oder Grüner genannt, würde alle Neophyten eigenhändig ausreißen, damit die heimische Pflanzenwelt nicht verdrängt wird, doch westliche Regierung handeln vorrangig nur nach ökonomischen Gesichtspunkten und stellen die Ökologie, zum Leidwesen der Umwelt, hinten an. Die Merkel betätigte sich als ökonomische Landschaftsgärtnerin und pflügte den deutschen Kartoffelacker planmäßig mit Flüchtlingen um, im besten Wissen und Gewissen – die Frau wusste genau, was sie tat, denn sie hatte einen Plan, wie sie in einem Fernsehinterview zum Verstehen gab (137).

Doch seit Wikileaks einige Abhörprotokolle der US-Geheimdienste zur Debatte der Griechenland-Rettung veröffentlichte, wissen wir, dass Angela Merkel insgeheim ratlos sein konnte (138) und in der Öffentlichkeit sich dennoch überlegen präsentierte – das zeichnet übrigens die meisten Führungspersonen aus, so zu tun, als ob man alles im Griff habe. Aber vielleicht hatte das Super-Merkel wirklich den Röntgenblick und erzählte uns einfach nichts von den wahren Plänen hinter der Flüchtlingskrise. Anders als beim Bürger, dessen Informationsgewinnung meist nur aus den üblichen Mainstreammedien stammt, kann eine Regierung auf geheimdienstliche und militärische Aufklärung zurückgreifen, um sich ein verlässliches Bild der aktuellen Lage auf dem Globus zu verschaffen. Tausende von Satelliten scannen permanent den

Planeten, deren Detailschärfe durch modernste Drohnentechnik optimiert wird. Wenn schon die Wanderbewegungen von schnöden Fischschwärmen in den Ozeanen protokolliert und ausgewertet werden, sollten wir annehmen, dass die Bewegungen von menschlichen Flüchtlingsmassen ebenso erkennbar sind. Die Satellitenbilder bewiesen ja auch, dass Russland an Syrien über ein Dutzend Kampfflugzeuge lieferte (139), aber 1.000.000 Refugees wandelten wie unsichtbare Geister auf dem Planten umher – wer glaubt denn sowas?

Märchenstunde der Flüchtigranten

Für die deutsche Regierung müssen die Flüchtlingsströme bestens bekannt gewesen sein, denn eine so große Anzahl an Menschen konnte sich in der EU oder an den äußeren Grenzen niemals unbemerkt fortbewegen. Zu aller Schande hinterließen die umweltverschmutzenden Flüchtlinge auf ihren Routen auch noch so viel Müll, dass sich nachfolgende Flüchtlinge bereits daran orientieren konnten (140), getreu dem Motto: Folge dem Müll in Richtung des Paradieses. Unter dem Müll sammelten sich auch allerhand Ausweispapiere an, die der hilfesuchende Flüchtling in Deutschland aber nicht zwingend brauchte. Ob Iraker, Afghane, Ägypter, Sudanese oder Libanese, alle waren auf einmal Syrer (141). Und damit die doofe Polizei das auch wirklich glaubte, blühte der Handel mit gefälschten syrischen Pässen (142). Die Kriminalität hinter der Flüchtlingsbewegung ist ohne Zweifel organisiert. Per Handy kommunizieren die Flüchtlinge auch gerne untereinander und warnen vor Kontrollen in den Grenzregionen oder geben Handlungsempfehlungen im Umgang mit den Behörden. Demnächst leben in Deutschland wahrscheinlich mehr syrische Flüchtlinge als Syrien jemals Einwohner hatte.

Die deutschen Beamten mussten bei der Registrierung erstmal glauben, was ihnen hanebüchenes erzählt wurde und so einige Flüchtlinge versuchten sich unter falschen Tatsachen ins Land zu schmuggeln, machten sich ein bisschen jünger oder älter und gaben trickreich an, auf der Flucht vor dem Bürgerkrieg zu sein. Zudem besaß die BRD noch ein katastrophales Computersystem zur Erfassung der Flüchtlinge, dass innerhalb der Bundesländer nicht miteinander kompatibel war, was den Datenaustausch erschwerte und den Bürokratieaufwand unheimlich erhöhte (143). Mit ein bisschen Glück und einer gehörigen Portion Dreistigkeit konnte sich ein Flüchtling theoretisch gleich mehrmals irgendwo registrieren, um zum Beispiel das beliebte Taschengeld in Bar abzugreifen. Die biometrische Erfassung, in Verbindung mit der Injektion eines RFID-Chips, wäre hier sicherlich effizienter gewesen – doch diese Technik kam nicht zum Einsatz.

Der Asyl-Betrug wurde zum leichten Unterfangen. Und selbst wenn jemand als Wirtschaftsflüchtling erkannt wurde, sprich als Lügner, drohte ihm nicht die sofortige Abschiebung und erst recht keine Zurückweisung an der deutschen Grenze. Armutsflüchtlinge bekamen vielmehr das, wonach sie gierten, nämlich Geld, notfalls auch als Rückreiseprämie in Höhe von zwei Monatsleistungen, was bei einer dreiköpfigen Familie schlappe 1.850 Euro machte, aber nur unter der Voraussetzung, dass die kommenden Jahre kein neuer Asylantrag gestellt werde (144). Die Grenzkontrollen der Deutschen waren derweil nur homöopathischer Art, also ohne nachweisbare Wirkung. Die deutsche Polizei stand nur freundlich an der Grenze und versuchte ein paar Schleuser aus dem Verkehr zu ziehen und alle jene, die kein Asylbegehren zum Ausdruck brachten (145). Aber welcher Flüchtling war schon so doof und behauptete, kein Asylantrag stellen zu wollen?

Flüchtlinge und die Wirtschaft

Wäre die deutsche Grenze wirklich dichtgemacht worden, um jede einzelne Person zu registrieren, wäre es zu einem ungeheuerlichen Menschenauflauf gekommen, der sich wie eine mittelalterliche Belagerungsarmee dargestellt hätte. Zum Glück haben die Flüchtlinge keine Katapulte dabei, denn sie würden davon Gebrauch machen, genauso wie sie respektlos Grenzzäune durchschneiden und zu Gewalt neigen, sobald man sie auf ihrer Durchreise aufhält. Flüchtlinge, die zur Gewalt neigen, scheinen vielmehr kriegserprobt als traumatisiert zu sein. Ungarn demonstriert aber Härte gegenüber den Flüchtlingen, baute eine lückenlose Grenzanlage (146) und verhängte Haftstrafen für illegale Grenzüberschreitungen ohne gültige Ausweispapiere. Was unmenschlich klingt, ist nichts weiter als die Umsetzung von gültigem Recht und damit absolut legitim. Durch jene Maßnahmen ebbte der Flüchtlingsstrom im Landesinnern im September 2015 ab, während es an der Grenze zur humanitären Katastrophe kam, und Asylsuchende sich mit den ungarischen Polizisten ein Gefecht lieferten (147). Flüchtlinge können aber auch romantisch sein, hoffnungsvoll Papp-Schilder mit „MAMA MERKEL HELP US" hochhalten (148) und dabei freudige Parolen singen. Angela Merkel wurde zur heiligen Schutzpatron der muslimischen Invasion.

Teile der deutschen Bevölkerung waren sich aber nicht mehr sicher, ob die Kanzlerin den Amtseid zum Wohle des deutschen Volkes oder zum Wohle der Flüchtlinge leistete. Vermutlich dauert es auch nicht mehr lange, und auf dem Reichstag wird der Schriftzug „DER PLURALISTISCHEN GESELLSCHAFT" prangen – Lebwohl dem deutschen Volke. Aber ich vergaß: Flüchtlinge sollen gut für unsere Gesellschaft sein, allem voran für die Wirtschaft. Und weil nur Gutes ins Land kommt, gibt es keinen Grund zur Kritik. In Wirklichkeit verzapfte unsere Regierung aber den größten Bockmist aller Zeiten, doch Mist ist bekanntlich einer der besten ökologischen Dünger, auf dem hervorragend etwas wächst, wie zum Beispiel Parteien wie die AfD.

Wenn in den nächsten zehn Jahren im Durchschnitt 500.000 Flüchtlinge pro Jahr auf irgendeine Art und Weise nach Deutschland eindringen und von der Regierung wie kleine Babys gepampert werden, kann in zehn Jahren aus dieser ausländischen Gruppierung durch Familiennachzug und Gebärfreudigkeit eine Menschenmasse von über 30 Millionen Migranten erwachsen, während sich die einheimischen Deutschen durch Geburtenrückgänge und Vergreisung weiter in ihrer Anzahl dezimieren. Deutschland hat einen Migrationsanteil von über 20% (149) und zeitgleich die niedrigste Geburtenrate der Welt (150) und weist ein Durchschnittsalter von 46,1 Jahren auf (151), während in den Flüchtlingsherkunftsländern wie Afghanistan, Irak und Syrien der Altersmedian zwischen 18,1 und 23,3 Jahren liegt.

Stellen wir diese Zahlen gegenüber, kann es kein Zufall sein, dass die NATO jene Staaten durch Interventionen destabilisierte und infolgedessen eine Migrationswelle von überwiegend jungen Menschen in die EU schwappte. Gleichzeitig kürzten die Vereinten Nationen (UN) drastisch ihre Hilfen für syrische Flüchtlinge vor Ort, auf nur noch 13,50 US-Dollar pro Monat, in Form einer elektronischen Lebensmittelkarte, kurz e-Card (152). Eigentlich wären mindestens 30 US-Dollar pro Monat erforderlich, um jeden Menschen drei Mal am Tag eine Mahlzeit zu gewähren, doch selbst dies war der internationalen Gemeinschaft zu teuer, weshalb die Hilfsprogramme der UN unterfinanziert wurden, während gleichzeitig hunderte Milliarden US-Dollar in den Militärkomplex flossen. In Deutschland kostet ein Flüchtling übrigens mehr als 670 Euro pro Monat, also mindestens das 22-fache einer Vorort-Versorgung. Und obwohl die Hilfe vor Ort viel billiger ist, wurde diese nicht in ausreichender Form von Deutschland geleistet, was den Verdacht nahelegt, dass die deutsche Regierung die katastrophalen Zustände in den Krisenländern duldete.

Letztendlich wurden die Flüchtlinge vom süßen Asylversprechen unserer Regierung angelockt, wie die Bienen von einer Blume. Wer es sich leisten konnte, bezahlte die Schlepper und machte sich auf den Weg nach Deutschland. Jene muslimischen Flüchtlinge sahen sich außerdem in ihrem Fortgehen gemäß dem Koran bestätigt, denn in Sure 9, Vers 20 (Die Reue) steht geschrieben: *„Diejenigen, die glauben und ausgewandert sind und mit ihrem Vermögen und in eigener Person um Allahs willen gekämpft haben, stehen bei Allah in höherem Ansehen (als die anderen). Sie sind es, die das große Glück gewinnen.“* Das Glück heißt für viele Germany und damit auch jeder den rechten Pfad dahin findet, ist es gut vorstellbar, dass BND, CIA und Konsorten die Schlepperbanden systematisch aufbauten, um die Wanderbewegungen gezielt in Gang zu bringen.

Zugegeben, diese These klingt absurd und ist genauso verrückt wie die Tatsache, dass V-Leute den Nazi mimen und unter dem Deckmantel der NPD und NSU Straftaten verüben. Seit dem der Geheimdienst-Verräter Edward Snowden auspackte und Julian Assange das Wikileaks gründete, sollte uns eigentlich aber nichts mehr wundern. Mit Geld ist schließlich jeder käuflich und Flüchtlinge geben ein Vermögen für ihre Schleusung nach Europa aus – bei der Anzahl an Asylbegehrenden ist dies ein lohnendes Milliardengeschäft, vermutlich lohnender als der Drogenhandel. Der Profit ist im ausbeuterischen Kapitalismus am Elend der Anderen nun mal besonders groß. Während sich dunkle Gestalten durch Flüchtlinge ein goldenes Näschen verdienen, muss der anständige Bürger in Schland brav arbeiten gehen, um ein produktives Mitglied zu sein. Doch de facto stehen in einer schrumpfenden und überalternden Gesellschaft immer weniger Menschen dem

Arbeitsmarkt zur Verfügung, was unter anderem dazu führt, dass auf Dauer alle umlagefinanzierten Sozialsicherungssysteme nicht mehr von den Leistungsträgern geschultert werden können, weshalb gesagt wird, dass wir die Zuwanderung brauchen.

Doch wer ist „wir“? Wir, die steinreiche und mächtige Finanz- und Wirtschaftselite oder wir, die Lohnabhängigen im Hamsterrad der Wirtschaft? Deutschlands Identität manifestiert sich heutzutage eigentlich nur noch über die Wirtschaftskraft, und das Spiegelbild derer ist die Börse und dessen Leitindex der DAX. Die dort gelisteten Top 30 Unternehmen sind in erster Linie ihren Aktionären verpflichtet, infolgedessen werden lieber die Dividenden erhöht, statt die Löhne der Arbeiterklasse. Wie perfide der Kapitalismus gegenüber den Arbeitern eingestellt ist, lässt sich häufig an den steigenden Aktienkursen von Unternehmen ablesen, die gerade eine Massenentlassung verkünden. Die Börse freut es, wenn Menschen arbeitslos werden, denn Arbeitskräfte verursachen Unkosten und schmälern den Profit, dabei wird jedoch vergessen, dass ein Arbeiter auch gleichzeitig ein Konsument darstellen kann.

Die größte Konsumentengruppe stellen in der Flüchtlingskrise übrigens die Asylanten dar. Bei einer Millionen Neuankömmlingen boomen z.B. Möbelhäuser wie IKEA, denn der Bedarf an einer Haushaltserstausrüstung ist enorm (153). Tisch, Stuhl und Bett im hippen Schwedenlook - wofür mancher Student hart sparen muss - bekommt der Flüchtling umsonst. Wie viel Hunderttausend Flüchtlinge wohl IKEA später als Arbeitskräfte einstellen wird? Gute Jobaussichten verspricht aber auch die Sicherheitsbranche, wo händeringend nach Security Personal für Asylunterkünfte gesucht wird, damit sich die Asylanten nicht gegenseitig die Köpfe einschlagen. Der Frust und das Aggressionspotential unter den Flüchtlingen ist nämlich immens, da die Bearbeitung der Asylanträge nicht schnell genug vonstattengeht. So musste schon im Herbst 2015 vor dem Landesamt für Gesundheit und Soziales in Berlin (Lageso) ein Dutzend Mannschaftswagen der Polizei anrücken, um für Ordnung unter den Flüchtlingen zu sorgen (154). Die Situation war nur noch katastrophal, Flüchtlinge mussten tagelang im Freien auf ihre Registrierung warten und manch Flüchtling wünschte sich sogar (155), dass Deutschland wegen der unhaltbaren Zustände keine Flüchtlinge mehr aufnimmt. Im Februar 2016 kam dann ans Licht, dass die Sozialbehörde durch Vetternwirtschaft und einer chaotischen Aktenlage die Steuergelder in Millionenhöhe veruntreute (156).

Solche Geschehnisse zeigen nur zu deutlich, wie ineffizient und korrupt die Asyl-Industrie in Deutschland arbeitet, doch davon möchte man in Berlin nichts wissen. Schließlich war es Merkel, die durch ihre Politik ein ungeheures Asyl-Chaos schaffte, indem sie das Recht auf Asyl ohne Obergrenze definierte, was zu viele Flüchtlinge auf einmal anzog. Eigentlich hätte Deutschland im Herbst 2015 die Grenzen schließen und als Abschreckung das Militär zur Grenzsicherung entsenden müssen. Stattdessen kapitulierte das deutsche Militär vor der Asyl-Lobby und Soldaten räumten ihre Kaserne (157), um in Zelten zu schlafen, damit die Flüchtlinge bequem im Gebäude residieren konnten. Welches Land ist auf diesem Planeten noch so bekloppt und setzt sein eigenes Militär vor die Haustür, um Platz für fremde Invasoren zu schaffen? Selbst eine Bundeswehr Offiziersschule wurde zur Notunterkunft für Flüchtlinge degradiert (158). Die Bundeswehr wurde sogar noch zur helfenden Hand beim Registrieren der Flüchtlinge und beim Aufbau der Zeltlager (159).

Es dauert bestimmt nicht mehr lange, bis die ersten Forderungen laut werden, den Etat der Bundeswehr zu kürzen, um aus den freiwerdenden Mitteln die Flüchtlingskrise zu finanzieren. Diese bedingungslose Rundumversorgung der Flüchtlinge muss ein Ende haben. Es wird langsam Zeit, dass Deutschland endlich eine gewisse Härte demonstriert, sonst wedelt zum Schluss der Schwanz mit dem Hund. Polizei und Sicherheitskräfte haben wegen der Flüchtlinge allerhand zu tun, genauso wie die Geldtransferdienstleister, die besonders von der Asylpolitik profitieren. Laut der Weltbank schickten Migranten und Flüchtlinge weltweit 440 Mrd. US-Dollar im Jahr 2015 in ihre Heimatländer. Die Experten klatschten und befanden diese Entwicklung für gut, denn dies sei schließlich die beste Entwicklungshilfe, die es geben könne. Die CSU fand es jedoch besser, den Flüchtlingen das monatliche Taschengeld - eine Summe die in einigen Ländern einem Monatslohn entspricht - von rund 140 Euro zu streichen, um keine Anreize zu schaffen, hier her zu kommen (160). Harter Tobak seitens der CSU, aber das waren alles nur hohle Phrasen, die sich schneller in Luft auflösten als ein stinkender Pups oder manch Arbeitsstelle in Deutschland.

Viele Unternehmen forcieren nämlich den Stellenabbau und dies mitten im vielbeschworenen Aufschwung, um die Produktivität zu steigern. Die sozialwirtschaftliche Komponente ist in den westlichen Industrienationen längst abhandengekommen. T-Systems forciert zum Beispiel den Stellenabbau von 4.900 Beschäftigten, Telefonica Deutschland will bei 1.600 Arbeitskräften die Strippe ziehen und Osram für 1.700 Arbeitsplätze die Lichter ausknipsen, während die Barmer GEK 3.500 Mitarbeiter (161) auf der Streichliste führt, um die Kostensteigerungen im Gesundheitswesen abzufedern. Weitere Unternehmen kündigen Massenentlassungen an, und es stellt sich die Frage, wo denn die Jobs für Flüchtlinge herkommen sollen? Die einzige Branche, die eine Nachfrage nach Arbeitskräften generiert, ist die Asyl-Industrie selbst. Flüchtlinge werden darin allerdings nur als Wirtschaftsfaktor verwertet, und wer sich nicht daran bereichern kann, dessen Arbeitsplatz steht in diesen unsicheren Zeiten auf der Kippe. Verliert man als Deutscher, mit und ohne

Migrationshintergrund, schließlich seinen Job, muss zuerst das eigene Vermögen aufgebraucht und notfalls die Immobilie verkauft werden, um danach von der Stütze zu leben. Vielen Menschen geht es so. Die sogenannte Mittelschicht steht gerade vor ihrem Untergang und schrumpft von Jahr zu Jahr. Über 5,5 Millionen Menschen vollzogen in Deutschland seit 1997 bereits den sozialen Abstieg, wie aus einer Studie der Bertelsmann-Stiftung hervorgeht (162). Die Deutschen haben Angst um ihre Zukunft, sehen ihren Wohlstand gefährdet und so besonnen wie die Deutschen sind, planen sie deswegen keine Kinder in die Welt zu setzen.

Deutsche raus und Flüchtlinge rein

Der Flüchtling aber kommt mit Kind und Kegel und gänzlich anderer Motivation daher. Für ihn ist die bunte Republik das Schlaraffenland, wo ihm der rote Teppich ausgerollt wird und der deutsche Staat für alles sorgt, damit ihm und seiner Familie eine gesicherte Zukunft blüht. Aber wie fühlen sich schätzungsweise 300.000 Obdachlose in Deutschland, in Anbetracht der würdigen Unterbringung und Versorgung von Flüchtlingen? In der Fußgängerzone läuft die Masse armutsverachtend an jedem Straßenpenner vorbei und zeigt kein Interesse oder Mitgefühl. Aber kaum kamen Tausende Flüchtlinge am Münchner Hauptbahnhof an, hielten die gleichen Menschen „Refugees Welcome"-Schilder nach oben, verteilten Essen, Trinken, Kleidung und Allerlei, in einem so großen Ausmaß, dass zum Schluss mehr da war als gebraucht wurde. Manch einer drückte dem armen Flüchtling auch mal 50 Euro in die Hand (163).

Ich glaube, die Münchner waren vom Refugee-Zombie-Virus der Umbrella Corporation befallen. Obdachlose wurden hingegen sprichwörtlich im Regen stehen gelassen und wenn sie es mollig warm haben möchten, bitten die Kommunen für eine Notunterkunft ordentlich zur Kasse. Die Stadt Emmrich am Rhein knöpft z.B. für die Benutzung der Obdachlosenunterkunft eine Grundmiete von 72,87 Euro, sowie 128,15 Euro Betriebs- und 44,61 Euro Einrichtungskosten pro Person oder Monat ab. Wie soll sich ein Obdachloser dies leisten können? Und wer es wagt, gegen die Gemeindeordnung zu verstoßen oder in der Unterkunft einen Schaden anrichtet, dem drohen 250 Euro Bußgeld (164).

Ein schwarzfahrender Flüchtling, der gerne die Notbremse betätigt, würde darüber wohl nur schmunzeln. Wenn Asylbewerber in ihrer Unterkunft randalieren, was immer wieder vorkommt, besteht scheinbar keine rechtliche Handhabe, bis auf einen lapidaren Aktenvermerk (165). Der Flüchtlingszustrom hält an, und die Einheimischen können sich bezahlbaren Wohnraum kaum noch leisten. Die Situation auf dem Wohnungsmarkt verschärft sich. Im Jahr 2012 wurden über 414.000 Wohnungsnotfälle verzeichnet, wo unmittelbar der Verlust der Wohnung drohte (166). Immer mehr Wohnungen werden in Deutschland zwangsgeräumt (167). Oft trifft es Hartz-IV-Empfänger und arme Rentner, aber auch wer schön brav arbeiten geht und regelmäßig seine Miete zahlt, muss in diesen Zeiten für Flüchtlinge unter Umständen seine Bleibe räumen. In Niederkassel erwischte es eine achtköpfige Familie - der Vater ein Berufskraftfahrer und offenbar im Besitzt der falschen Nationalität. Die Stadt kündigte wegen Eigenbedarf und wollte lieber 25 Flüchtlinge ein wohliges Zuhause gewähren und nahm es in Kauf, die Ortsansässigen ihrer angestammten Heimat zu berauben (168). In einem anderen Fall wurde den Studenten in einem Görlitzer Wohnheim (Sachsen) die Bleibe gekündigt, um Asylanten in die Unterkünfte zu verfrachten (169). Die Stadt Nieheim (NRW) schmiss ebenfalls ihre Mieter raus, um Platz für Flüchtigranten zu bekommen (170). Ist das nicht skandalös? Die Kommunen müssen Asylanten unterbringen und dabei wird es geduldet, die eigenen Bürger wie unliebsamen Abfall aus ihren Wohnungen zu entsorgen (171). Natürlich sind dies nur bedauerliche Einzelfälle, aber in der Anzahl gibt es reichlich viele davon. Zeitweise machte sogar das Gerücht der Zwangsvermietung die Runde, was jedoch offiziell dementiert wurde (172).

Die ersten Städte zeigten bereits, zu welchen Taten sie im Flüchtlingswahnsinn fähig sind und eventuell könnte mit einem Gesetz tatsächlich der Zugriff auf privat genutzte Räumlichkeiten per Zwang erfolgen (173). Das rotgrün-verkotzte Hamburg plante, leerstehende Gewerbeimmobilien für Flüchtlinge zu konfiszieren (174) und im ebenso rotgrün-verschissenen Berlin wurden bereits Luxusimmobilien beschlagnahmt und die Eigentümer fürstlich entlohnt (175). Aber von dem Luxus haben die meisten Flüchtlinge nichts, wenn sie in überbelegten Räumlichkeiten hausieren müssen, wofür unser Staat ein Vermögen bezahlt. Diese radikale Vorgehensweise in der Asylunterbringung fordert zu viele Opfer und beschert nur wenigen den schnellen Reichtum. Vielleicht freut sich gerade ein vermögender Grieche, der durch die Flüchtlinge in Deutschland viel Geld verdient, weil er seine erst kürzlich erworbenen Immobilien in Berlin (176) mit satten Gewinnen zu überhöhten Preisen an die Stadt verhökern oder vermieten kann. *„Des einen Leid ist des anderen Freud"* – dieser Spruch gilt einmal mehr in der Flüchtlingskrise.

Aber gibt es überhaupt noch ein anderes Land auf diesem Planeten, das ähnlich rabiat gegen seine eigene Bevölkerung vorgeht, um jeden dahergelaufenen Flüchtling bestmöglich zu versorgen? Eigentlich sind das Nazi-Methoden, die unsere Regierung anwendet, denn im Dritten Reich wurden auch deutsche Staatsbürger (Juden) massenhaft aus ihren Häusern und Wohnungen vertrieben, um sie anschließend jenen Subjekten (Nazis) anzudienen, die besser in den Plan des politischen Systems (Nationalsozialismus) passten – wo ist da der moralische Unterschied zum heutigen Treiben der multikulturellen Diktatur? Vielleicht folgt unsere Regierung auch nur insgeheim dem heiligen Koran, denn darin heißt es in Sure 33 Vers 27 (Die Verbündeten) *„Und er gab euch ihr Land, ihre Wohnungen und ihr Vermögen zum Erbe, und (dazu) Land, das ihr (bis dahin noch) nicht betreten hattet. Allah hat zu allem die Macht."* Es ist also Allahs Fügung! Wie konnte ich nur so dumm sein und dies nicht gleich erkennen. Im Koran liegt die Weisheit verborgen, während in Berlin die Dummheit regiert. Da wundert es auch nicht, wenn ein ungläubiger Hartz-IV-Empfänger zur Agentur der Arbeitslosigkeit stolpert, dort um eine Wohnung bettelt, aber nur Ablehnung erfährt. Höchstens bekommt er zu hören, dass es keine freien Sozialwohnungen mehr gibt oder die Mietkosten nicht in voller Höhe übernommen werden. Der sozialschwache Deutsche, mit und ohne Migrationshintergrund, bekommt von den Behörden in seiner größten Not mit spitzer Feder die Kosten für seine Unterkunft vorgerechnet, bei der Unterbringung von Flüchtlingen spielt der finanzielle Aspekt aber offenbar keine Rolle, denn dies wäre politisch unkorrekt, intolerant, unmenschlich und fremdenfeindlich.

Die Zukunft auf dem Wohnungsmarkt wird mit einem zunehmenden Flüchtlingsandrang immer bunter, zu allem Übel wurde in Deutschland der soziale Wohnungsbau katastrophal vernachlässigt. Von 2002 bis 2010 verschwanden 810.000 Sozialwohnungen, sodass nur noch 1,66 Millionen Wohneinheiten übrigblieben (177). Jahrzehntelang war es ein Trend der Kommunen, sich der unleidlichen Sozialwohnungen zu entledigen. Dresden veräußerte sogar den kompletten Wohnungsbestand von 48.000 Einheiten an einen amerikanischen Investor, um mit dem

Erlös die Schulden der Stadt zu tilgen (178). Aber dank der Flüchtlinge dürfen sie jetzt wieder neue Schulden machen und kräftig in die Unterbringung und Versorgung investieren. Der Flüchtling bringt eben doch den wirtschaftlichen Aufschwung, wenn auch nur im Industriezweig der Migration.

Die sozialschwachen Deutschen drücken sich derweil die Nase am Flachbildfernseher platt, sind demotiviert, bekommen den Arsch nicht hoch, saufen sich die Hucke voll und klagen höchstens im Stillen, statt zu demonstrieren oder radikal zu wählen. Der Aufschrei aus der deutschen Bevölkerung, die sich benachteiligt fühlt, fällt in der bunten Republik erstaunlich leise aus. Das Einzige, was wir lauthals in die Welt plärren, ist das Credo, das wir Exportweltmeister sind, wobei wir gerne die schwache Binnennachfrage unter den Tisch kehren. Die Masse der Bevölkerung profitiert längst nicht mehr von der wirtschaftlichen Entwicklung in diesem Land, was zum Teil auch daran liegt, dass die Gewinne bei den milliardenschweren ausländischen Investoren landen, so wie bei den deutschen DAX-Konzernen, deren Hauptanteilseigner längst nicht mehr deutsch sind (179).

Linker Sozialismus

Die Profite aus der BRD GmbH (180) dürfen natürlich nicht sinken, im Gegenteil, der Investor verlangt unter allen Umständen immer mehr Rendite. Die Politiker haben als Erfüllungsgehilfen der Wirtschaft daher primär die Aufgabe, optimale Bedingungen für Investoren zu schaffen und notfalls ihnen auch den Gang vor Gericht zu ermöglichen, damit Staaten auf Schadensersatz verklagt werden dürfen, wenn es eine Regierung durch ein Gesetz wagen sollte, die Profite oder Investitionen von einem Konzern zu gefährden. Das EU-Parlament hat dafür extra dem Freihandelsabkommen TTIP mit den USA zugestimmt (181).

Doch die Sozialisten, darunter Grüne, Linke und Gewerkschaften, unterstellten einen „Abbau der Demokratie", wodurch sie in erster Linie ihren eigenen Machtanspruch gefährdet sahen, denn die Linken wollen lieber als Planwirtschaftler die Wirtschaft regieren, anstatt die freien Märkte zu fördern. Dabei leben wir längst im wirtschaftlichen Sozialismus und es gibt wahrscheinlich keinen Wirtschaftszweig mehr, der nicht durch die Gesetzgebung aus Brüssel oder Berlin direkt betroffen wäre oder von staatlichen Subventionen abhängig ist, wobei der Landwirtschafts- und Erneuerbare-Energiesektor geradezu Paradebeispiele für eine durchregulierte Wirtschaft sind. In Berlin gingen sogar weit über 100.000 Menschen (182) auf die Straße, um gegen TTIP zu protestieren, einige sprachen sogar von 250.000 (183), was für deutsche Verhältnisse schon einzigartig ist, doch die meisten dürften gezielt durch ihre Lobbyverbände animiert worden sein, dagegen vorzugehen und wurden mit der Bahn und mit Bussen aus ganz Deutschland angekarrt.

Gegen die Flüchtlingspolitik würden sicherlich genauso viele oder noch mehr protestieren, aber Refugee-Welcome-Gegner haben keine Lobby, bis auf wenige rechte Splittergruppen, die es jedoch nicht schaffen, die Massen deutschlandweit zu mobilisieren. Während die linksgrünen Gutmenschen das TTIP scheiße finden, lagen die ersten Unternehmensklagen gegen Deutschland bereits vor: Der Energiekonzern Vattenfall hätte zum Beispiel gerne 4 Milliarden Euro Entschädigung für den Atomausstieg der öko-bekloppten Regierung. Daran sehen wir wiederum die ungeheuerliche Macht der Konzerne und deren Lobby, die in Brüssel wie auch in Berlin die Strippen im Hintergrund ziehen. TTIP symbolisiert perfekt den Kampf der Lobbyverbände, während die

Bevölkerung den Kram gar nicht richtig durchschaut. Aber wer ist eigentlich die größte und mächtigste Lobby auf der Welt? Im Nationalsozialismus sprach man offen in den Reden vom internationalen Finanzjudentum, das Deutschland fest im Griff habe und insgeheim die Welt regiere und heute wird TTIP zum Sündenbock in der multikulturellen sozialistischen Demokratie erklärt. Aber die Nazis waren fiese Faschisten genauso wie die linksgrünen Gutmenschen, total größenwahnsinnig, zum Teil irrational in ihrem Handeln und nur gegenüber der politischen Doktrin verpflichtet.

Niemand glaubt doch heute, dass eine internationale Lobby insgeheim die Welt im Würgegriff hält, außerdem gibt es in den westlichen Industrienationen zum Glück die freie Demokratie, eine Herrschaftsform, in der das Volk das Sagen hat, was in der bunten Republik bedeutet, dass unsere gewählte Regierung mit ihren Entscheidungen die Bürgerinnen und Bürger des Landes vertritt, zertrampelt oder wie auch immer. Egal, vergessen wir die wirtschaftliche Annäherung mit den USA, wir brauchen kein TTIP, sondern nur mehr Einwanderung, denn kluge Köpfe von unabhängigen Einrichtungen können nicht irren. Laut einer Studie des Instituts für Arbeitsmarkt- und Berufsforschung (IAB) und der Hochschule Coburg, wurde im Auftrag der Bertelsmann-Stiftung die Zahl von durchschnittlich 533.000 Zuwanderer pro Jahr ermittelt, um den Mangel an Erwerbstätigen auf dem deutschen Arbeitsmarkt auszugleichen (184).

Sie merken schon, es gibt unheimlich viele Studien, die sich für eine Einwanderung aussprechen und sich allesamt wie eine politische Gehirnwäsche lesen. Davon sollten wir uns aber nicht beeindrucken lassen. Studien werden nur erstellt, wenn es einen Auftraggeber gibt, der bereit ist, eine Menge Geld für diese Dienstleistung zu bezahlen. Am Ende kommt dann fast immer eine gekaufte

Meinungsmache unter dem Deckmantel einer „unabhängigen“ Studie heraus. Daher wundert es nicht, dass viele Einwanderungs-Studien sich im Ergebnis mit der Zahl von 500.000 Flüchtlingen decken, die von Vizekanzler Siegmar Gabriel (SPD) pro Jahr für vertretbar gehalten wurde. Ein Schelm, wer Böses dabei denkt.

Eine ordentliche Familienpolitik, um die indigene Geburtenrate anzukurbeln, gab es ohnehin nie in der Bundesrepublik Deutschland. Im Jahr 2012 wurden nur 673.544 Kinder geboren oder 8,4 Kinder je 1.000 Einwohner, zeitgleich starben 869.582 Menschen zuzüglich der Zahl von 106.815 Schwangerschaftsabbrüchen (185). Die Bevölkerungsentwicklung in der BRD verläuft allenfalls desaströs - das womöglich reicht den Regierenden als Grund, mehr Flüchtlinge ins Land zu lassen als Kinder hier geboren werden. Natürlich hat dies Auswirkungen auf die kulturelle und gesellschaftliche Struktur in unserem Land und genau dies scheint auch beabsichtigt zu sein.

In der EU wird gerade am Konstrukt eines Super-Staates gebastelt, ähnlich dem der UdSSR. Der erste Schritt war die Währungsunion, gefolgt von einer Haftungsunion (EFSF/ESM) und der letzte Schritt wird es sein, die nationalstaatlichen Strukturen vollends aufzulösen und dabei die nationalen Parlamente zu entmachten, so wie es die Troika mit Griechenland vormachte. Während die Deutschen noch Widerstand leisten könnten, interessiert sich ein Afghane, Eritreer oder Syrer nicht für deutschnationale Angelegenheiten. Für hier lebende Ausländer ist es nur wichtig, dass sie in der EU einen möglichst hohen Lebensstandard genießen. Die EU wird daher mit einem Wohlfahrtsprogramm dafür sorgen, dass es den Fremden gut geht und versuchen, allen Flüchtlingen schnellstmöglich die bürgerlichen Rechte einzuräumen, inklusive dem Wahlrecht.

An dieser Stelle möchte ich ein Zitat von Bertolt Brecht anführen: *„Das Volk hat das Vertrauen der Regierung verscherzt. Wäre es da nicht doch einfacher, die Regierung löste das Volk auf und wählte ein anderes?"* Treffender lässt sich dies kaum ausdrücken und auch der Antifa-Ausspruch „Deutschland verrecke" bekommt in diesen Zeiten einen ungeahnten Realitätsbezug. Die BRD steht aber nicht alleine da, Länder wie Frankreich, Spanien oder Italien werden das gleiche Schicksal teilen, denn auch dort herrscht seit langem ein irrer Multi-Kulti-Wahn, der so stark ausgeprägt ist, dass eine demokratische Änderung der politischen Lage nicht mehr über Wahlen herbeizuführen ist. Während in den nächsten zwanzig Jahren die meist islamischen Migranten durch Gebärfreudigkeit und Familiennachzug in der EU die einheimischen Europäer übervölkern, finden in der gleichen Zeit in Deutschland nur wenige Bundestagswahlen statt. Eingebürgerte Flüchtlinge wählen vermutlich die CDUSPDFDPGRUENELINKEPIRATEN Einheitspartei, genauso wie das Gros der einheimischen Bürger – oppositionelle oder nationalgesinnte Parteien werden kaum Mehrheiten erlangen.

Einzig eine Wirtschaftskrise könnte alles auf den Kopf stellen und für richtiges Chaos sorgen. Doch wer wird dann der Schuldige sein, wenn der Deutsche seine Arbeit verliert und der Flüchtling mit dem neuen BMW vorfährt? Die Regierung, die Moslems, die Juden, die Wall-Street, die Chinesen, die Russen? Schuld sind im Prinzip wir alle, jeder Mensch ist für sein Handeln verantwortlich auf diesem Planeten und es scheint leider so, als ob wir Europäer, durch die geduldete Masseneinwanderung, unsere eigene Kultur und Identität zerstören, ohne es zu merken. Die EU spielt dabei die Rolle einer Droge, die uns zu willenlosen Zombies machen soll, doch zum Glück gibt es Regierungen in Europa, die der EU nicht bedingungslos folgen.

Flüchtlinge als Handelsware zum Verteilen

Großbritannien möchte sich aus der EU verabschieden, und dafür ist ihnen Respekt zu zollen, denn es ist der Beweis dafür, dass die Engländer noch Charakter besitzen. Viele europäischen Ostblock-Staaten halten die momentane Entwicklung der Flüchtlingskrise ebenfalls für bedenklich, nur unsere durchgeknallte Regierung findet die Flüchtlinge gut, so gut, dass sie am liebsten jeden Staat in Europa damit beglücken will. Die Flüchtlinge sollen in der EU gefälligst verteilt werden, vermutlich nur aus einem Grund: Um in der EU ein einheitliches Milieu zu schaffen, worin die indigene Bevölkerung zersetzt wird, um den nationalstaatlichen Charakter zu schwächen. Wenn Rumänien, Tschechien, die Slowakei und Ungarn eine Umverteilungsquote ablehnen, dann nur, weil sie ein Europa der Vaterländer wollen und keine irrsinnige Diktatur aus Brüssel. Die EU wollte schon im Mai die Flüchtlinge wie eine Handelsware umherschieben, damals wurde die Zahl von 40.000 genannt (186), im Juni waren es bereits 60.000 Flüchtlinge (187) und im September schließlich 120.000 Flüchtlinge (188), dann wurden es 160.000, wovon im Oktober 2015 allerdings nur 19 Flüchtlinge tatsächlich umgesiedelt wurden (189). In dem Tempo bräuchte es 702 Jahre um das Kontingent aufzuteilen – bis dahin ist die EU gestorben und das Problem von selbst gelöst. Und außerdem: Wenn ein Flüchtling nach Irgendwo verteilt wird und es ihm dort nicht gefällt, dann packt er seinen Rucksack und kommt einfach nach Deutschland. Wer will ihn daran hindern, wenn alle Grenzen innerhalb der EU offen sind? Die Europäer bekommen offensichtlich nichts gebacken und jeder Mitgliedsstaat sucht nur den eigenen Vorteil auf Kosten des größten EU-Nettozahlers, der BRD. Flüchtlinge sind eben nicht so begehrt wie Kaviar oder Champagner, niemand will sie haben, außer unserer deutschen Regierung. Die EU wird noch so einige asylpolitische Kapriolen schlagen, denen es oft an einer Sinnhaftigkeit mangelt.

Da jeden Tag in Europa immer noch Flüchtlinge ankommen, ist die bloße Verteilung auf Dauer sicherlich keine Lösung, aber Brüssel wäre nicht Brüssel, hätten sie nicht noch so einige Überraschungen parat. Während man in der EU von einem festen Verteilungsschlüssel zunächst Abstand nahm, wurde in einem Entwurf ernsthaft gefordert, Staaten mit einer Strafzahlung von 6.500 Euro pro verweigertem Asylplatz (190) zu belegen – ein postkolonialer Sklavenhandel mit der Ware Mensch.

Unterdessen residierten bereits Millionen von Syrer in der Türkei und damit es den Flüchtlingen dort nicht zu wohl wurde, reduzierte die UN ihr Welternährungsprogramm um satte 40 Prozent (191) schon im Herbst 2014, angeblich aus Geldmangel und in der Türkei sollte die Essensausgabe sogar ganz eingestellt werden.

Ein Jahr später, die Türkei wurde den Flüchtlingen scheinbar überdrüssig, betätigte sich Recep Tayyip Erdoğan quasi zu einer Art von Oberschleuser und ließ die Flüchtlinge ungehindert nach Europa einmarschieren (192). Die Refugees bewegten sich dabei im militärischen Stil, schnell, koordiniert und vorzugsweise auf den Autobahnen, quer durch Europa, während der restliche Verkehr lahmgelegt wurde (193). Ankara demonstrierte mit dem Loslassen der ersten Flüchtlingswelle seinen großen Einfluss und verstärkte damit die Verhandlungspositionen gegenüber der EU, die in der Türkei von nun an einen Partner in der Flüchtlingskrise sah (194).

Die Migration wurde von der Türkei vermutlich bewusst als Waffe eingesetzt, um die EU unter Druck zu setzen, und so ließen die Verhandlungen nicht lange auf sich warten. Dass die Türkei sich zur Diktatur wandelte, die Pressefreiheit und Menschenrechte mit Füßen trat und einen Krieg gegen die kurdische Bevölkerung führte, kam allerdings nicht zur Ansprache. Federführung war bei den Verhandlungen übrigens die deutsche Kanzlerin, die eine sehr merkwürdige Strategie verfolgte: Die Türkei sollte zunächst 3 Mrd. Euro erhalten, um die Flüchtlinge in der Türkei zu behalten und zu umsorgen. Soweit klang dies logisch, doch dann wurde es chaotisch. Nach einigen Verhandlungen wurden aus 3 Mrd. Euro schlappe 6 Mrd. Euro, die Türkei verlangte außerdem eine Visafreiheit und dass für jeden zurückgewiesenen Flüchtling ein anderer Flüchtling legal in die EU einreisen dürfe (195).

Die Kanzlerin sprach von einem Erfolg, dabei war dies ein „Leerstück" der europäischen Sicherheitspolitik zum Schutz der Außengrenzen. Entweder ist die politische Führung senil geworden, oder man hält die Bürger der EU vollends für verblödet. Die Türkei bekommt 6 Mrd. Euro von der EU, und wenn ein Flüchtling illegal von der Türkei in Griechenland mit dem Schlauchboot strandet, dann wird dieser Flüchtling in die Türkei zurückgeschickt und die EU erhält im Austausch dafür einen „legalen" Flüchtling, der das Asylverfahren erfolgreich durchlaufen hat und gültige Papiere vorweisen kann.

Die Refugees-Welcome-Geschichte sollte also weiterlaufen, nur unter anderen Bedingungen. An einer spürbaren Reduzierung der Flüchtlingszahlen war Merkel nicht interessiert. Auf dem EU-Gipfel wurde am 08. März 2016 sogar beschlossen, die Balkanroute für Flüchtlinge offen zu halten (196), um eine sichere Passage nach Deutschland zu ermöglichen. Die EU und allem voran Deutschland, unter der landesverräterischen Politik von Angela Merkel, wollten also noch mehr Flüchtlinge! Der Wahnsinn aus Berlin kennt offenbar keine Grenzen. In der EU geht aber alles drunter und drüber: Was heute beschlossen ist, kann morgen schon ungültig sein. Nur zwei Tage später wurde die Schließung der Balkanroute verkündet (197).

Was war passiert? Österreich stellte sich in einer Allianz der Vernunft gemeinsam mit Slowenien, Serbien, Mazedonien und Kroatien gegen den Asyl-Wahnsinn aus Berlin und Brüssel. Österreichs Innenministerin Mikl-Leitner betonte, dass man die Schließung nicht rückgängig machen wolle (198). Der durchgeknallten Asylpolitik von Angela Merkel wurde damit Einhalt geboten. Die festsitzenden Refugees an der Grenze hatten das Nachsehen, denn sie wollten nach „Germoney", wo das Geld jedem Asylanten hinterhergeworfen wird und die deutschen Mädels sehnsüchtig auf sexuelle Belästigungen von notgeilen Muselmanen warten.

We want Germany

Alle wollen sie nach Deutschland. Dabei müssten eigentlich die Deutschen nach ihrem Deutschland verlangen. Stattdessen fordern die Flüchtlinge unser Deutschland ein. Die englische Überschrift wurde übrigens durch Flüchtlinge inspiriert, die in Ungarn zeitweilig festsaßen und lauthals für ihre Weiterreise protestierten. Einige von ihnen hielten dabei Protest-Schilder aus Kartonage nach oben, die für eine gewisse Aufmerksamkeit sorgten. „We want Germay“ war eine Botschaft davon und offenbarte zeitgleich den Bildungsgrad der angeblichen Fachkräfte. Grammatikalisch korrekt wäre „We want to go to Germany“, andererseits könnte damit auch „Wir wollen Deutschland“ gemeint sein, was einen Besitzanspruch implizieren würde.

Immerhin können die Refugees schreiben, vielleicht hatte aber auch nur ein doofer Flüchtlingshelfer die Plakate für die Flüchtlinge geschrieben, denn die meisten Flüchtlinge aus dem islamischen Raum können nur arabisches Gekritzel. Aber was soll das rotzfreche „We want“ eigentlich? Als ich klein war und zu meiner Tante sagte „Ich will“, wurde mir noch auf die Finger geklopft, danach folgte die Belehrung, dass man höflich danach bitten soll. Doch das Wort „Bitte“ ist den nach Deutschland drängenden Refugees genauso unbekannt, wie den Deutschen das afghanische Staatsoberhaupt Aschraf Ghani Ahmadsai.

Umso erschreckender ist die Tatsache, dass fast jeder Flüchtling unsere Bundeskanzlerin kennt und einige von ihnen die Merkel als Bild oder Aufschrift um den Hals trugen und damit stur-heil in Richtung Norden marschierten. Und ich dachte bisher, der Führerkult wäre in Europa endgültig ausgestorben. Hitler hätte sich über diese Art von Patriotismus sichtlich gefreut und alle Flüchtlinge mindestens so herzlich empfangen, wie unsere Regierung, und ihnen das Paradies nach dem Tod und 72 Jungfrauen versprochen, um sie anschließend als muslimische Soldaten (199) für den Heiligen Krieg gegen die Bolschewisten an vorderster Front zu verwerten.

Merkel versprach den Flüchtlingen ebenfalls das Paradies, allerdings auf Erden und mit Rundumversorgung, um sie anschließend als muslimische Einwanderer, im gewinnversprechenden Einsatz für den internationalen Kapitalismus, an vorderster Leiharbeiterfront zu verwerten, während unsere amerikanischen Freunde ihre Atomwaffen heimlich, still und leise in Deutschland gegen die Bolschewisten stationierten. So wirklich viel hat sich im Laufe der Zeit scheinbar nicht verändert, heute wird die politische Scheiße nur bunter verpackt, aber sie stinkt mindestens genauso zum Himmel wie früher, der bekanntlich blau ist, aber demnächst für bunt erklärt wird, dank vernebelnder Chemtrails.

Die Muslime stellen auf der Welt mit rund 1,5 Milliarden Menschen übrigens eine beachtliche Größe dar, und sind für den Westen als auch für Russland zum geopolitischen und wirtschaftlichen Faktor geworden. Vor nicht allzu langer Zeit wurde die größte Moschee Moskaus eröffnet und der russische Präsident Wladimir Putin betonte die Wichtigkeit des Islam in seiner Rede – immerhin leben in Russland fast 20 Millionen Muslime. Als Gäste waren der türkische Präsident Recep Tayyip Erdoğan und Mahmoud Abbas aus Palästina geladen (200). Die Russen suchen strategische Partner auf der Welt, und möchten den Einfluss der USA eindämmen, die weltweit über 1.000 Militärstützpunkte unterhalten (201). Die Chinesen beklagten sich schon vor Jahren über die zunehmende Militärpräsenz der USA im pazifisch-asiatischen Raum (202) und die Inder werden demnächst auch noch mitreden wollen, doch so viel steht jetzt schon fest: Auf der Welt entsteht gerade ein neuer Kampf um die Vorherrschaft auf diesem Planeten und die Muslime werden dabei als Nützlinge missbraucht, ebenso die Flüchtlinge.

Schon die Deutschen versuchten, die Moslems im Ersten Weltkrieg aus Eigeninteresse für sich zu rekrutieren. Der Dschihad ist eine deutsche Erfindung von Max von Oppenheimer, der sich mit dieser Doktrin erhoffte, die Muslime im Kampf für das Deutsche Kaiserreich gegen die verfeindeten Kolonialmächte im Nahen-Osten einzusetzen (203). Die Engländer schmiedeten mit den Scheichs ebenfalls Intrigen: Ob Araber, Türken, Kurden, Perser, alle wurden von den Europäern in Komplotte verwickelt, um letztendlich europäische Interessen durchzusetzen. Heute dürfte dies nicht anders sein!

Natürlich ging so mancher Schuss nach hinten los und die Scheichs unterstützen gerade die Kriegsparteien, die ihnen persönlich den größten Wohlstand versprachen und am meisten Geld boten. Das Geld überwog schon immer den Glauben und die USA machen sich diese einfache Erkenntnis zu ihrem Nutzen und unterstützen jene Seite, die ihnen gerade am nützlichsten erscheint. Die Regierungen operieren im Verdeckten durch ihre Geheimdienste und diese arbeiten mit der Mafia und anderen Kriminellen zusammen. Der amerikanische CIA mischte auch massiv im Nachkriegsdeutschland mit, und ich bin mir sicher, dass die Geheimdienste in der bunten Republik immer noch ihre Finger im Spiel haben.

Wenn die Jahrzehnte vergangen sind, kommt so einiges ans Licht. Mittlerweile ist es kein Geheimnis mehr, dass die USA die Mafia anheuerte, um Fidel Castro aus dem Weg zu räumen (204) und wir können davon ausgehen, dass bei den aktuellen Ereignissen auf diesem Globus ähnliche Methoden benutzt werden, zum Beispiel im Ukraine-Russland-Konflikt oder in der Flüchtlingskrise. Natürlich erfahren die Bürger nichts von alldem. Hitler hatte seine geplanten Operationen auch nicht im Detail der Bevölkerung erklärt, sondern immer nur vom Tausendjährigen Reich und dem Endsieg gefaselt. Mama Merkel bläst in ein ähnliches Propaganda-Horn und erzählt uns etwas von freiheitlicher Demokratie und ewigem Wirtschaftswachstum, obwohl in weiten Teilen der EU längst die Rezession bei der Bevölkerung angekommen ist und eine freie Meinungsäußerung nicht mehr stattfinden darf.

Wenn die Antifa dann noch behauptet, dass in der BRD der Faschismus regiert, hat sie zum Teil sicherlich Recht, aber leider erheben die Linksfaschisten immer den Anspruch, im absoluten Recht zu sein, was sie letztendlich unsympathisch macht. Ich glaube nicht, dass linksgrüne Antifanten die Refugees als Humankapital einer faschistisch geprägten BRD identifizieren, sondern in ihnen eher das geeignete Mittel sehen, das deutsche Staatswesen in diesem Lande durch islamische Fremde auszumerzen. Aber warum denkt eigentlich jeder, man könne die Moslems beliebig für seine Zwecke missbrauchen? Die meist muslimischen Flüchtlinge sind nicht dumm, die wissen genau, was sie wollen: Für sich das Beste rausholen und nur zum eigenen Vorteil handeln – das ist der eigentliche Grund, warum alle Flüchtlinge nach Deutschland wollen.

Das nächste Protest-Schild, was ich zitieren möchte, zeigte diese Einstellung jener Flüchtlinge nur zu gut: „No camp, no water, no food, just freedom“ (205). Was wie ein herzzerreißender Hilferuf klingt, entpuppt sich bei näherer Analyse als scheinheilige Botschaft, die mit Vorliebe in die Kameralinsen der Presse gehalten wurde, als die Durchreise mit dem Zug in Ungarn verwehrt blieb, da die ungarische Polizei die Flüchtlinge ordnungsgemäß in Aufnahmelager bringen wollte, um sie dort zu registrieren, wie es das Gesetz vorschrieb. Eigentlich hätten damit alle Flüchtlinge in Ungarn zunächst das gefunden, weshalb sie hier sind – den Frieden. Ungarn ist ein sehr idyllisches Land, und darüber hinaus sind die Menschen dort freundlich, auch gegenüber Flüchtlingen, sofern sie sich an die Regeln halten.

Doch die Refugees traten in Ungarn auf, wie eine marodierende Affenbande, wollten schnurstracks nach Deutschland, ohne aufgehalten zu werden und lieferten sich Kämpfe mit den ungarischen Sicherheitskräften (206). Hunderte flohen wieder aus dem Aufnahmelager (207), denn alle wollten nur nach Deutschland und nicht in ein Camp gesteckt werden. Nun hätte ich Verständnis für die Flucht gehabt, wenn es in Ungarn tatsächlich kein Wasser und kein Essen für die Flüchtlinge gegeben hätte, doch etliche Videos im Internet belegten, dass Nahrungsmittel von den Sicherheitskräften und von den Hilfsorganisationen vor Ort verteilt wurden, aber eine Rundumversorgung wie in Deutschland gab es natürlich nicht.

Dies führte dazu, dass einige Refugees in Ungarn so beleidigt reagierten, dass sie Wasser und Nahrung aus Protest auf die Bahngleise warfen. Andere Videos zeigten bei YouTube, wie Flüchtlinge Essenspakete vom Roten Kreuz offenbar ablehnten, weil ein Kreuzsymbol auf der Kartonage zu sehen war. Und diese Moslemherden sollen wir integrieren? Solche Szenen wurden in der bunten Republik natürlich ausgeblendet, denn es passte einfach nicht zum Bild des hilfsbedürftigen Flüchtlings. Stattdessen präsentiert man uns mit Vorliebe possierliche Kopftuch-Muttis mit kleinen Kindern, um eine mitleiderregende Botschaft zu suggerieren.

Kamen die Flüchtlinge schließlich in „Good old Germany" an, benahmen sie sich nicht viel anders als in Ungarn. In der bayrischen Landeshauptstadt wurden Tausende Flüchtlinge zunächst in der Münchner Messe untergebracht und Hunderte von stark traumatisierten Refugees riefen sich kurzerhand ein Taxi und brausten ohne Registrierung davon (208). Damit wurde klar: Der Flüchtling ist ein selbstbestimmtes Wesen, für ihn gelten keine

Grenzen, keine Gesetze, und eine Unterbringung in einer Sammelunterkunft empfindet er als unwürdig.

Sogar Innenminister de Maizière beschwerte sich über die Marotten der Refugees und forderte eine „Ankommenskultur“ (209). Aber da waren die Herren und Damen aus der Blödian-Regierung offenbar falsch gewickelt, denn nur weil wir in Schland eine Willkommenskultur allen Eindringlingen unter die Nase rieben, hieß dies noch lange nicht, dass unsere Gastfreundschaft mit Höflichkeit und Respekt beantwortet wurde.

Flüchtlinge sind in Deutschland wahrscheinlich nur so unverschämt und angriffslustig, weil sie wissen, dass ihnen hier keine harten Konsequenzen drohen. In ihren Heimatländern würden sie für Fehltritte jeglicher Art bestraft werden, doch in Schland gibt's die Rundumversorgung als Dankeschön. Vielleicht wäre langsam die Zeit gekommen, dass die Deutschen wieder ein bisschen den Nazi nach außen kehren und mit entsprechender Gründlichkeit für Ordnung im Refugee-Irrenhaus sorgen - die halbe Welt hält uns sowieso für Bösewichte.

Doch unsere Regierung zeigte sich ohnmächtig gegenüber den Invasoren und dies mit voller Absicht. Die Furcht vor dem Aufschrei der rotgrünen Gutmenschen war schlichtweg größer als der gesunde Wahrnehmungssinn. Die Refugee-Welcome-Sülze war im Herbst 2015 schon längst versalzen und ungenießbar geworden, dennoch wurden die Grenzen für eindringende Menschenmassen offengehalten. Man müsse schließlich helfen, lautete das Credo, doch nach allen Recherchen konnte ich immer weniger an eine tatsächliche Notsituation der Flüchtlinge glauben. Wer sichere Länder durchquerte und gezielt über Tausende Kilometer entfernt, in ein ganz bestimmtes Land wollte, konnte niemals echte Not verspüren. Die überwiegende Mehrheit waren

Wirtschaftsflüchtlinge, die sich als illegale Rucksacktouristen auf den Weg in ein besseres Leben machten.

Flüchtlinge und das Geschäft

Wenn ich mir vorstelle, ich wäre in akuter Not und würde zu ertrinken drohen, ich würde auf das erste Rettungsschiff gehen und dortbleiben. Der moderne Flüchtling aber verlässt jedes Schiff, das ihm zu wenig Luxus verspricht und springt so oft von Bord, bis er vom Traumschiff-Deutschland gerettet wird, wo ihm kostenlos eine luxuriöse Kabine und das üppige Buffet angedient werden, wofür andere bezahlen.

Die Not der Flüchtlinge war überwiegend eine aufgebauschte Geschichte der Refugees-Industrie, um damit Kapital zu schlagen und genauso glaubwürdig wie die Geschichte über den Weihnachtsmann, der viele bunte Gaben bringt, um die sich der moderne Flüchtling ringt. Das Schleppen und Schleusen wurde zur lukrativen Dienstleistung und niemand machte einen Hehl daraus. In aller Öffentlichkeit fand eine „Internationale Schlepper- und Schleusertagung“ (ISS) in München statt (210), getarnt als Kunst- und Diskursprojekt, gefördert durch die Europäische Union, das Kulturreferat der Landeshauptstadt München, der Rosa Luxemburg Stiftung, Pro Asyl und andere Totengräber.

Ziele dieser Veranstaltung waren eine Image-Aufwertung und eine Neubewertung der Dienstleistungen Schleppen und Schleusen. In einer Podiumsrunde wurde die Fluchthilfe sogar konkret thematisiert, über die Praktiken, die Preise, das Personal, die Qualifizierung, bis hin zum Qualitätsmanagement. Für die innovativste Schleuserunternehmung gab es in einer feierlichen Verleihung sogar einen Preis. Die Referenten präsentierten sich völlig ungeniert im Internet, darunter Anwälte, Künstler und

Journalisten. Gleichzeitig fand noch der „Open Border Kongress" statt. Dort trafen sich all jene Menschen, die Grenzen auf der Welt abschaffen möchten und für Flüchtlinge die uneingeschränkte Bewegungsfreiheit und legale Wege nach Europa wollen. Solche Veranstaltungen dienen vorwiegend zum Austausch sowie zur Vernetzung und niemand sollte sich in diesem Land über den Asyl-Irrsinn mehr wundern, denn alles ist Teil eines gigantischen Programms.

Für viele Gutmenschen wurde der Refugee längst zum lukrativen Geschäft. Vereine, die sich für das Wohl der Flüchtlinge engagierten, erhielten von der EU-Kommission sogar sechsstellige Summen an Fördermittel (211). Die EU trieb ein Doppelspiel bei der Flüchtlingspolitik und finanzierte viele Seiten. Was verrückt klingt, ist in der Politik der ganz normale Wahnsinn. Die EU förderte auch den Tabakanbau, obwohl sie sich ebenso für Kampagnen gegen das Rauchen starkmachte. In Deutschland wird auch der Abbau von Kohle subventioniert, während gleichzeitig die erneuerbaren Energieformen gefördert werden. Manchmal widerspricht das eine dem anderen, doch die Lobbyverbände in Berlin und Brüssel haben unsere Politiker fest im Griff, sodass die Regierung versucht, finanziell möglichst alle zufrieden zu stellen.

Die milliardenschwere Flüchtlingsindustrie macht da keine Ausnahme. Ein geldgeiler Geschäftsmann, der z.B. ein Vermögen mit dem Verkauf von Containern verdient, weil sich die Preise durch die hohe Nachfrage vervielfachten (212), ist sicherlich daran interessiert, dass noch mehr Flüchtlinge in die EU kommen. Die Containerlobby wird ihr übriges tun, in Berlin und Brüssel vorstellig zu werden, um willfährige Politiker zu finden, die dem unternehmerischen Interesse dienen. So läuft es bei allen Dingen und es gibt Tausende dieser Lobbyverbände, und alle wollen an die großen Fleischtöpfe der EU. Die Not der Flüchtlinge wird bei dieser ganzen Sache nur medial ausgeschlachtet, um das wahre Ausmaß der Asyl-Abzocke vor der Bevölkerung zu verschleiern.

Natürlich gibt es wirklich Menschen auf diesem Planeten, die große Not leiden und ich denke dabei an das verhungerte afrikanische Kind mit Bäuchlein und den spindeldürren Armen und Beinen. Aber was sagen uns solche Bilder? Sicherlich sehen wir die Auswirkung von akuter Unterernährung, doch die Ursachen bleiben dabei im Unklaren. Nicht selten werden in Afrika, z.B. in Nigeria, kleine Kinder der Hexerei beschuldigt und absichtlich von ihrer Familie und der restlichen Gesellschaft verstoßen, wobei die Kinder im besten Aberglauben dem qualvollen Tod zum Opfer fallen (213).

Die augenscheinliche Wahrheit auf den Bildern kann trügerisch sein und darf ohne Ursachenforschung nur bedingt zur Meinungsfindung herangezogen werden. Die Medien wissen jedoch, dass sich nur die wenigsten Menschen über die Hintergründe von Bild- oder Videomaterialien informieren. Nicht selten kam es vor, dass angeblich aktuelle Aufnahmen aus Krisenregionen mehrere Jahre alt waren und von einem völlig anderen Ort stammten als behauptet wurde. Vor wenigen Jahren sorgten gefälschte Bilder beim deutschen Fernsehen über den Ukraine-Konflikt für Schlagzeilen und festigten dabei den Begriff der Lügenpresse (214). Damit wird klar: Wir dürfen nicht bedingungslos glauben, was uns präsentiert wird. In der Flüchtlingskrise ist dies leider nicht anders. Erinnern Sie sich an die Bilder von den vielen Flüchtlingskindern? Als im März 2016 bei Idomeni in Griechenland die Grenze von Mazedonien geschlossen wurde, überschüttete uns die Gutmenschenpresse mit herzerweichenden Bildern von notleidenden Flüchtlingen und legte den Focus besonders auf kleine Kinder (215). „Flüchtlinge in Idomeni schweben in Lebensgefahr“ lautete die Schlagzeile der BILD-Zeitung und die dazugehörige Illustration zeigte übereinanderliegende Kinder im Schlaf, die so aussahen, als wären sie bereits verstorben. Mit diesem emotionalen Schmalz versuchen die Leitmedien in Deutschland unsere Meinung im Sinne der Regierung zu formen. Dies ist in gewisser Form eine Art von Propaganda.

Deutlich kritischer zeigten sich dagegen alternative Medien und die ausländische Presse. Die österreichische Kronen-Zeitung sprach im Zusammenhang mit Idomeni von einem inszenierten Sturm der Flüchtlinge auf die Grenze und berichtete, dass absichtlich Kinder nach vorne geschoben wurden (216). Die eine Seite spricht von echter Not, die andere nennt es Inszenierung, aber was stimmt denn nun? Der falsche Ansatz wäre es, sich für eine Seite zu entscheiden und in ein Schwarz-Weiß-Denken zu verfallen.

Stellen wir stattdessen die klassischen Fragen: Wieso, weshalb, warum? Tausende Flüchtlinge harrten bewusst bei Regen und Schlamm in Idomeni aus, in der Hoffnung auf Angela Merkel und dass die Grenzen wieder geöffnet werden (217). Außerdem hatte sich die bisherige Strategie der Flüchtlinge, in der Masse aufzubegehren und alle Staatsgrenzen einfach illegal zu überrennen, für eine Million Flüchtlinge bestens bewährt.

Griechenland war übrigens bereit, die Flüchtlinge in Aufnahmeeinrichtungen des Landes zu bringen. Dort gab es ein richtiges Dach über dem Kopf, ausreichend Verpflegung und medizinische Versorgung, doch nur wenige der 13.000 Flüchtlinge nutzten anfänglich diese Möglichkeit (218). Kaum ein Flüchtling war bereit, seine Position an der Grenze aufzugeben, solange ein Funke der Hoffnung bestand, das Asyl-Paradies zu erreichen. Im selbstzerstörerischen Deutschland forderten unterdessen die Grünen die sofortige Aufnahme von 28.000 notleidenden Flüchtlingen aus Griechenland (219).

Dass anderswo auf der Welt die Menschen wirklich leiden, interessierte dabei eher weniger. Medial standen die hungrigen Afrikaner im Abseits, dabei hätten die Blähbäuche allen Grund dazu, endlich mehr Gehör zu finden, immerhin fischt die EU vor Westafrika die Küstenregionen leer (220), damit wir billigen Fisch haben, und die Schwarzafrikaner das Nachsehen. Gemäß der gutmenschlichen Interpretation wäre es nur gerecht, wenn daraufhin alle Afrikaner als Asylbewerber nach Deutschland kämen. Die Entwicklungshilfe ist ohnehin gescheitert und nahm bereits groteske Formen an. Deutsche Hilfsgelder wurden z.B. in Simbabwe an eine Großwildjagdfarm (221) gezahlt, dessen Betreiber ein reicher Minenbesitzer war. Und Projekte gegen den Hunger entpuppten sich allzu oft als Subventionen an reiche Agrar-Konzerne, die Landraub gegenüber den Ärmsten begingen (222). In Afrika wurden ganze Landstriche an westliche Konzerne für Jahrzehnte verpachtet, doch die Erträge wurden nicht der hungernden Bevölkerung vor Ort dargeboten, sondern auf den internationalen Märkten zu Höchstpreisen verkauft. Ob Entwicklungshilfe oder Asyl, überall wo der Staat große Geldsummen zur Verfügung stellt, kommt es zum Missbrauch. Fehlgeleitete Geldflüsse haben dann kaum noch eine nachweisbare Wirkung.

Im kriegszerstörten Gaza-Streifen wird die verfehlte Politik finanzieller Hilfen am deutlichsten. Dort wurden Ende 2014 mehrere Milliarden Euro für den Wiederaufbau zugesagt (223), doch die Vereinten Nationen sprachen im Herbst 2015 in ihrem Bericht offen von einer Unbewohnbarkeit der Region bis zum Jahr 2020 (224). Und weil die Umstände dort so katastrophal werden, nehmen wir in Deutschland zukünftig 1,6 Millionen Bewohner aus dem Gaza-Streifen in unserer Gesellschaft auf und garantieren ihnen ein allumsorgendes Asylrecht. Indem wir Menschen bei uns

Schutz gewähren, verhindern wir aber indirekt, dass in den Herkunftsländern notwendige Prozesse angestoßen werden, um das Elend vor Ort zu beseitigen. Das kleine Deutschland kann ohnehin kein Auffanglager für die Problemfälle der Welt sein.

In Nigeria wütet Boko Haram seit Jahren und sollte die islamistische Terrororganisation es schaffen, das ganze Land in einen Bürgerkrieg zu stürzen, dürften weitere 177 Millionen Nigerianer demnächst auf Asyl in Deutschland hoffen, denn das Grundrecht auf Asyl kennt keine Obergrenze (225), wie Mama Merkel betonte. Verrückt, oder? Solche Aussagen aus Regierungskreisen offenbaren eine absurde Realitätsvorstellung, die den Verdacht nahelegt, dass viele Politiker unter dem Münchhausen-Syndrom leiden. Ich bin mir sicher, Captain Blaubär würde uns als Kanzler glaubwürdigeres auftischen. Rein mathematisch gesehen hätten wir aber Platz für sieben Milliarden Menschen, wobei Deutschland dann eine Bevölkerungsdichte von 19.589 Menschen pro Quadratkilometer aufweisen würde, etwas mehr als Monaco, doch dort fühlen sich schließlich auch alle wohl, besonders die Reichen.

Da fehlen einem die Worte

Während die vorherige Berechnung auf reiner Mathematik beruhte, basieren fast alle Diskussionen über Flüchtlinge nur auf emotionalem Schwachsinn. Den Refugees-Welcome-Befürwortern wünsche ich daher, dass sie aus den Tagträumen erwachen, ihren Halluzinogenen-Trip beenden und der brutalen Realität ins Auge blicken. Die Argumente der Refugees-Industrie sind leider so realitätsnah wie eine Folge von Raumschiff Enterprise. Wenn wir die Probe aufs Exempel machen und wirklich jedem das Recht einräumen, hierher zu kommen und zu bleiben, dann möchte ich gerne die mathematische Obergrenze der maximalen Belastbarkeit bis zum Zerreißen unserer stabilen Gesellschaftsstruktur erfahren. Wie viel Millionen Ausländer müssen nach Deutschland kommen, bis die deutsche Kultur endgültig und nachhaltig zerstört wird? Ich habe das Gefühl, unsere Regierung macht uns gerade zu modernen Indianern auf dem europäischen Kontinent, die in ihrem Land nichts mehr zu sagen haben, weil sie durch massive Einwanderung zurückgedrängt wurden.

Die multikulturelle Politik von Schland wirkt sich in wenigen Jahren genauso zerstörerisch aus, wie der Terror des Islamischen Staats. Der IS bekämpft alles, was nicht nach seinem Sinn ist und unsere Regierung macht im Prinzip genau das gleiche. Die Zustände in der Refugees-Welcome-Diktatur können nur gewollt sein, oder unsere Regierung ist so unfähig, dass sie eigentlich freiwillig zurücktreten müsste. Durch die dramatischen Entwicklungen in der Flüchtlingskrise wachen indes immer mehr Menschen aus ihrem geistigen Tiefschlaf auf und haben plötzlich Angst um ihre gesicherte Zukunft.

In den 70er-Jahren hätte sich niemand vorstellen können, dass irgendwann Hunderttausende Fremde einfach so in Deutschland einmarschieren, rundum versorgt werden und dies für Jahrzehnte zum Regelfall werden soll. Was ist nur aus dieser Gesellschaft geworden? Ist heute alles eine Selbstverständlichkeit, was aus dem kranken Hirn der multikulturellen Lobby stammt? Unsere Regierung entschied sich im Jahr 2015 für grenzenloses Asyl und damit gegen die Sicherheit und Belange der eigenen Bevölkerung - das Recht wurde in großem Umfang außer Kraft gesetzt (4).

Ich wurde jedes Mal skeptisch, als ich die Bilder von den Flüchtlingsmassen sah. Überwiegend junge Männer marschierten ungehindert in unser Land ein und niemand von ihnen sah wirklich hilfsbedürftig aus. Auf mich wirkten diese Menschen wie dunkle Gestalten, die durch ihr aggressives Auftreten eine Bedrohung suggerierten. Deutschland hätte das Recht gehabt, als Hunderttausende ohne gültige Papiere ins Staatsgebiet eindrangen, die Grenzen im Schengen-Raum unter dem Vorwand des Terrorverdachts sofort abzuriegeln und effektive Kontrollen einzuführen, und zwar so, wie es Ungarn vormachte und von den gutmenschlichen Kleingeistern dafür als brutaler Staat verurteilt wurde.

Die weniger gutmenschliche CSU störte dies aber nicht. Durch die Flüchtlingskrise wurden Ungarns Ministerpräsident Viktor Orbán und CSU-Chef Horst Seehofer sogar dicke Freunde. Ungarn leistete nämlich einen aktiven Beitrag zur Einhaltung des europäischen Regelwerks und verhinderte durch seine Grenzsicherungsmaßnahmen kurzfristig einen Massenansturm der Flüchtlinge nach Bayern (226). Zuvor kamen in der bayrischen Landeshauptstadt haufenweise Flüchtlingen an, in der Spitze über 10.000 pro Tag, und München befürchtete den Super-GAU, da binnen zwei Wochen am Hauptbahnhof über 60.000 Refugees strandeten und verteilt werden mussten.

Insgeheim wünschten sich die Bayern eine Variante des ungarischen Stacheldrahtzauns an der Grenze, denn die nächste Flüchtlingswelle wurde schon erwartet. Die kurzfristige Lösung der Regierung sah indes die Verfrachtung von Flüchtlingen aus dem Ausland mit der Bahn vor, damit es an den deutschen Grenzübergängen zu keinen unschönen Begegnungen wie in Ungarn kam. Bis zu 4.000 Refugees wurden pro Tag in Österreich abgeholt, um sie anschließend in der bunten Republik zu verteilen (227). Offensichtlich arbeitete unsere Regierung mit den Schlepperbanden zusammen und erwies mit den kostenlosen Transportdiensten einen Gefälligkeitsdienst. Menschenmassen, deren Identität vollkommen unklar war, wurden ins Land geschleust und die Bundespolizei kam mit dem Registrieren überhaupt nicht nach (228). Bei der Einreise fand faktisch keine Kontrolle statt, was wiederum für weitere Flüchtlinge wie ein Anreiz wirkte, es mit der Einreise zu probieren, in der Hoffnung, einfach durchgewunken zu werden. Dies geschah im Herbst 2015, und alles sollte vermutlich so weitergehen. Kanzlerin Merkel weigerte sich nämlich auch im Frühjahr 2016 eine Obergrenze zu definieren.

Jetzt, in diesem Moment, überlegen sich vielleicht Millionen von Menschen, ihre Koffer zu packen und nach Deutschland aufzubrechen, nachdem sie im Fernsehen oder Internet die Refugees-Welcome-Bilder aus der bunten Republik sahen und das aufopfernde Engagement der Deutschen, jedem Flüchtling den Hintern so lange mit Geld zu pudern, bis er vor Glückseligkeit strahlt. Viele Menschen in Deutschland fanden die Flüchtlinge so toll, dass zu deren Ehren extra Refugees-Welcome-Partys veranstaltet wurden, wie z.B. in Würzburg (229). Eintritt und Bewirtung waren frei, aber Sie ahnen es schon, natürlich nur für Flüchtlinge - der Rest durfte zahlen und spenden. Der Migrantenstadel finanziert sich nur über Umlagen, also über das Geld anderer Leute und dennoch zählte das Fest rund 1.200 Gäste, wovon etwa 70 Prozent Asylanten waren. Die restlichen Gäste könnten Würzburger gewesen sein oder entflohene Patienten einer naheliegenden Nervenheilanstalt - man weiß es nicht. Vielleicht sind auch nur all jene verrückt, die dem Refugee-Hype misstrauisch gegenüberstehen.

Wer in Schland trendy sein möchte, ist bedingungslos für Refugees und gegen jeden uncoolen Meinungsaustausch. Daher hinterlassen die hippen Gutmenschen auf allen Seiten des Internets ihren geistigen Dünnschiss und locken damit Scharen von Flüchtlingen aus aller Welt an, die sich am Smartphone über das Blödel-Refugee-Deutschland (BRD) bestens informieren. In Syrien gehörten die

Suchbegriffe „Asyl in Deutschland“ und „Einwanderung in Deutschland“ zu den häufigsten Anfragen (230) bei Google und überhaupt wurde nach allem gegoogelt, was irgendwie nützlich für die Flucht nach Europa war. Die deutsche Zerstörerin, vielen auch als Kanzlerin bekannt, gab mit ihren Statements dann noch den Rest zur Außenwirkung Deutschlands. „Jeder ist willkommen, der Deutsch lernen möchte“ lautete ein Podcast der Bundeskanzlerin vom 30. Oktober 2010, und auch nach dem Eintreten des Flüchtlingsansturms wich die Schwach-Rhetorikerin Merkel nicht von dieser Position ab.

Hinter den sieben Balkanländern, bei den sieben Salafisten, konnten Analphabeten die Merkel buchstabieren, und sahen in ihr eine Heilsbringerin für ein besseres Leben in Deutschland. Zu allem Überfluss ließ das Bundesamt für Migration und Flüchtlinge auch noch ein Infovideo drehen und es in mehrere Sprachen übersetzen, worin die Asylprozedur verständlich dargestellt wurde (231), quasi ein Werbefilm für den globalen Asyl-Tourismus.

In der deutschen Hauptstadt kamen inzwischen jeden Tag 1.000 neue Flüchtlinge an (232), und ich fragte mich, wie viel Tage noch vergehen müssten, bis kommuniziert werde, dass das Boot voll sei. Sollte Berlin wirklich um eine Zeltstadt bereichert werden? Aber Slums wie in Asien, Südamerika oder Afrika wären bei uns in Deutschland eher unvorstellbar. Unsere Regierung ließ daher extra für Asylanten neue Wohnungen bauen, die es vorher für die eigene Bevölkerung nicht gab. Das Kündigen bestehender Mietverhältnisse, um die freigewordenen Wohnungen den Eindringlingen anzudienen, reichte nicht aus. Die Möglichkeit zur Beschlagnahmung und Zwangsvermietung wurde diskutiert.

Schöner Wohnen für Flüchtlinge

Die Stadt Hamburg nahm eine Vorreiterrolle in der Blödel-Republik ein, denn dort wurden tausende Wohnungen extra für Flüchtlinge im Blitzbauverfahren aus dem Boden gestampft (233), vorerst ganze 5.600 Einheiten, die später als „Sozialwohnungen“ auch den Deutschen zur Verfügung stehen sollen. Das Baurecht wurde dabei zum Teil ausgehebelt und Auflagen, wie die Richtlinien zur Energieeinsparverordnung (EnEV) oder ein allgemeingültiger Bebauungsplan, mussten beim Bau von Flüchtlings-Wohnungen nicht so streng befolgt werden.

Ob Flüchtlinge im Zug oder Flüchtlinge im sozialen Wohnungsbau, egal wo Flüchtlinge auftauchen, herumlungern und auf das Asylrecht pochen, stets werden für die Eindringlinge große Ausnahmen gemacht, während die Einheimischen gnadenlos für alle Verstöße mit der vollen Härte des Gesetztes zur Rechenschaft gezogen werden, unter Verhängung von hohen Geldstrafen, zum Beispiel bei Verstößen gegen das EnEV mit Bußgeldern von bis zu 50.000 Euro (234). Wer die Strafe nicht zahlt, bekommt sein Haus zwangsversteigert oder wandert ins Gefängnis. Die Mietpreise in Hamburg gehören seit Jahren zu den höchsten in Deutschland und die Einheimischen können sich die Wohnungen kaum noch leisten und müssen wegziehen (235).

In Eckental bei Nürnberg wurden schicke Reihenhäuser extra für Flüchtlinge gebaut – erst mal sechs Stück an der Zahl. Der Preis für eines dieser 160 Quadratmeter großen Häuser belief sich auf 184.000 Euro ohne Grundstück (236). Insgesamt handelte es sich beim Bau „Schöner Wohnung für Flüchtlinge“ um ein Millionenprojekt, das der Steuerzahler finanziert. Um die Flüchtlinge darin unterzubringen, schloss die Regierung mit dem Investor einen Mietvertrag über die Laufzeit von zehn Jahren ab, zu

Konditionen über der Ortsmiete. Im Februar 2016 zogen die ersten Flüchtlinge ein und zeigten sich begeistert, Kritiker sprachen hingegen von Luxus-Asyl (237).

Den Refugees ist die Kritik egal und den Einheimischen offenbar auch, da ein öffentlicher Protest gegen den Asyl-Irrsinn in Deutschland weitestgehend ausblieb. Entweder sind es die Chemtrails am Himmel oder die Impfdosen im Blut, die die Menschen am Aufbegehren hindern, vielleicht ist es auch nur die Ignoranz, weil man seinen eigenen Wohlstand nicht bedroht sieht. Oder wir Menschen verhalten uns nur natürlich, so wie die Tiere. Das Schwein im Stall gerät auch erst in Aufruhr, wenn es merkt, dass die Schlachtung droht, ansonsten frisst es alles brav in sich hinein. Wenn überall in Schland dann diese Refugees-Neubau-Ghettos entstehen, deren Bewohner überwiegend aus dem islamischen Raum stammen, muss es herrlich bunt darin zugehen. Als einheimische Subjekte dort in der Nähe zu wohnen, wird den Alltag so sehr bereichern, dass sich niemand mehr sicher fühlen wird, der nicht einem Araberclan oder sonstigen ausländischen Verbrecherbanden angehört.

Zukünftig muss sich die deutsche Frau wohl auch in Deutschland die Burka überstreifen, um vor den Moslemherden unbelästigt zu bleiben. Aber ich glaube, dass es zwischen den Dahergelaufenen und den Alteingesessenen nur zu seltenen Begegnungen kommen wird. Einheimische werden sich freiwillig von den wilden Moslem-Horden abschotten und zweitens bekommen die Flüchtlinge die Wohnungen und Häuser zuerst unter ihre Ärsche gesetzt, und sie werden sie so schnell nicht räumen, sodass der Deutsche nur rein theoretisch einen Anspruch auf diese Refugees-Welcome-Sozialwohnungen hätte. Doch wenn die Flüchtlinge willkommen geheißen werden und die Deutschen dabei im Abseits stehen, kann dies niemals zur Integration führen. Praktisch wird sich das gutbürgerliche Deutschtum aus den Migranten-Vierteln zurückziehen und die deutsche Leitkultur verkommt ohne Deutsche zur deutschen Leidkultur. Eine Integration kann nur gelingen, wenn es viel Einheimische gibt und wenig Ausländer, ansonsten entstehen Parallelgesellschaften, die nichts Gemeinsames verbindet.

Die Aussicht auf Geld

Das Ausmaß der Willkommen-Diktatur war für meinen Geschmack im Herbst 2015 bereits weit überschritten. Sollte die Zeit gekommen sein, dass die Mehrheit in Deutschland dem Islam huldigt, halte ich es für vorstellbar, dass massenweise die Köpfe rollen und eine ungläubige Regierung ohne Nationalbewusstsein, in einem Heiligen Krieg, aus ihrem Amt gejagt wird, um den Gottes-Staat auszurufen. Ob es ratsam wäre, jetzt zum Islam zu konvertieren, um gewisse Prozesse zu beschleunigen? Je gutmenschlicher unsere gehirngewaschene Regierung wird, desto sympathischer wird mir der radikale Salafist, denn sein Handeln erscheint wenigstens noch logisch. Im Prinzip beanspruchen jene Moslems nachvollziehbar das Recht, die europäische Welt für sich zu beanspruchen, wenn wir Europäer so blöd sind und auch noch freiwillig einen Kniefall vor dem Islam und dessen Invasoren machen.

Na gut, vielleicht bin ich jetzt paranoid, islamophob, pessimistisch und neige dazu, meine Befürchtungen zu wiederholen, und alles ist nicht so schlimm und die armen Flüchtlinge wollen nur spielen: Gutmensch ärgere dich nicht, Dschihad-Memory, Burka-Anziehen, Blinde-Regierung oder Hau den Christen. Völlig realitätsfremd können meine Ausführungen aber nicht sein, wenn selbst der Verfassungsschutz offen davor warnte, dass Salafisten versuchen,

Flüchtlinge zu rekrutieren (238). Doch selbst wenn Islamisten in unserer bunten Republik im Verdacht stehen, Kämpfer für die Terror-Organisation ISIS anzuwerben, werden sie immer noch mit Samthandschuhen angefasst und das Sonderkommando der Polizei kommt auf sanften Socken zum Tatverdächtigen in die Moschee (239). Die ISIS sprengt christliche Kirchen in die Luft, macht jahrtausendealte Kulturstätten kaputt (240), führt offen einen Krieg gegen unsere westliche Lebensweise und wir konfrontieren sie mit einem Kuschelkurs – bei dieser laschen Vorgehensweise dauert es nicht mehr lange, und Brüssel wird neben dem EU-Hauptsitz zur neuen Zentrale des Islamischen Staats. Im März 2016 wurde die Stadt bereits durch einen brutalen Bombenanschlag des IS erschüttert, der Dutzende von unschuldigen Menschenleben forderte (241). Man könnte sagen: Der Islam ist in Europa inzwischen mit all seiner Vielfalt angekommen, und dazu gehört nun offensichtlich auch der Terror. Wann wehren sich die Europäer endlich dagegen?

Im Mittelalter führten wir noch Kreuzzüge gegen den Islam bzw. gegen islamische Herrscher, die immer wieder mit ihren Armeen versuchten, in Europa einzufallen, sodass sich die europäischen Königshäuser und die katholische Kirche in ihren Machtpositionen gefährdet sahen. Heute sieht sich die mächtige Finanzelite, die längst global agiert und alle Seiten finanziert, sich nicht als gefährdet und lässt die korrupten Regierungen der Welt nach ihrer Pfeife tanzen. Alle werden gegeneinander ausgespielt: die Christen gegen die Moslems, die Frauen gegen die Männer, die Armen gegen die Reichen, die Heteros gegen die Homos, die Rechten gegen die Linken, die Inländer gegen die Ausländer, und keiner merkt es. Der Spruch „Geld regiert die Welt“ ist im kapitalistischen Zeitalter bedeutender denn je, da wir Menschen heute meist nur etwas tun, weil es dafür Geld gibt.

Die Windräder sprießen in der Ökorepublik aus dem Boden, weil es Geld gibt. Die Politiker verkaufen ihre Seele, weil es Geld gibt. Die Holzfäller holzen den Regenwald ab, weil es Geld gibt. Die Fischer fischen das Meer leer, weil es Geld gibt. Die Nutte lässt sich in den Arsch bumsen, weil es Geld gibt. Die Dschihadisten ziehen in den Heiligen Krieg, weil es Geld gibt. Und der Flüchtling kommt nur nach Deutschland, weil es Frieden gibt. Der letzte Satz in dieser Aufzählung ist natürlich absoluter Quatsch, der Rest stimmt leider und ich entschuldige mich für die perverse Ausdrucksform bezüglich der analen Sexualpraktik. Aber eigentlich gibt es keinen Grund mehr, noch anständig zu sein, wenn ringsherum die Welt zerfällt. Die Umwelt steht vor dem Kollaps und ebenso die menschliche Zivilisation. Wenn das biblische Armageddon bevorsteht, scheint jetzt ein guter Zeitpunkt dafür zu sein, dass ein reinigendes Gewitter die Erde erfasst und alles Teuflische davonspült, um das Paradies auf Erden zu schaffen. Bis es soweit ist, finden alle Flüchtlinge das Paradies in der Blödel-Republik-Deutschland vor.

Laut Asylbewerberleistungsgesetz erhalten Asylanten nämlich alles, was sie für das tägliche Leben brauchen. Von der Unterkunft, bei der notfalls auch Einheimische entsorgt werden, über die Nahrung (für Moslems natürlich nur das Halāl Futter), sowie Kleidung und sonstige Güter zur normalen Haushaltsführung. Als Bonbon gibt's dann noch Taschengeld für persönliche Bedürfnisse im Alltag (etwa zum Sparen fürs neue Smartphone) und natürlich erhalten alle Flüchtlinge auch Leistungen bei Krankheit, Schwangerschaft und Geburt. Die Grundleistungen werden als Sachleistungen zur Verfügung gestellt, können jedoch auch ausbezahlt werden, sofern die Asylanten nicht in Aufnahmeeinrichtung oder Sammelunterkünften residieren. Die Regierung plante zwar, die finanziellen Leistungen von Flüchtlingen zu kürzen oder durch Sachleistungen zu ersetzen, doch eine abschreckende Wirkung darf bezweifelt werden, ebenso ist eine konsequente Umsetzung verschärfter Asylgesetze mehr als fraglich. Realistischer erscheint es, dass eine strenge Regulierung nur den Einheimischen ein Mittel gegen Fremdlinge vorgaukelt, während sich die Flüchtlinge davon nicht beeindrucken lassen.

Solange es in Deutschland letztendlich höhere Erfolgsaussichten auf ein besseres Leben gibt als anderswo auf der Welt, werden die Refugees weiter versuchen, in unser Land einzudringen, wenn wir Deutsche sie nicht aktiv davon abhalten, was unser gutes Recht ist, die Grenzen und damit unseren Wohlstand zu schützen. Daheim schließen wir auch die Haustür, damit sich niemand an unseren Sachen bedient. Von mir aus kann jeder einen Refugee bei sich beherbergen und für seine Unkosten finanziell aufkommen, aber ich schätze, dass kaum ein Refugees-Welcome-Befürworter mit seinem eigenen Geld dafür geradestehen möchte. Die linksgrünen Spinner verteilen daher lieber das Geld anderer Leute an die Flüchtlinge und das ist nicht wenig. Im Prinzip bekommt ein Flüchtling ähnlich hohe Leistungen wie ein Hartz-IV-Empfänger, dazu addieren sich jedoch die horrenden Kosten für die aufwendige Umsorgung, die bei den Einheimischen entfällt.

Anbei die Asylleistungen vom Herbst 2015, ausgedrückt in ganzen Zahlen (242). Die Abkürzung „SL" steht für Sachleistung und „GL" für Geldleistung.

Haushaltsvorstand: 216 € SL + 143 € GL = 359 €

Ehepartner: 194 € SL + 129 € GL = 323 €

Kinder 0-5 Jahre: 133 € SL + 84 € GL = 217 €

Kinder 6-13 Jahre: 157 € SL + 92 € GL = 249 €

Kinder 14-17 Jahre: 198 € SL + 85 € GL = 283 €

Kinder ab 18: 174 € SL + 113 € GL = 287 €

Nun kann jeder für sich selbst entscheiden, ob die 270.000 Flüchtlinge (243), die allein im Monat September 2015 nach Deutschland kamen, es auf jene Asylleistungen und ein besseres Leben absahen oder nur wegen des schönen Herbstwetters kamen. Anspruch auf diese Leistungen haben übrigens alle Asylbewerber, auch jene, die ausreisepflichtig sind und andere Ausländer, die sich nur vorübergehend in der bunten Republik aufhalten dürfen.

Und jetzt kommt das Schland-Knüller Sonderangebot: Nach einer Wartezeit von 15 Monaten haben Asylanten in Deutschland den vollen Anspruch auf Leistungen nach dem SGB XII und bekommen die gleichen Gelder wie Sozialhilfeberechtigte oder Hartz-IV-Empfänger, bar auf die Kralle oder per Überweisung aufs Girokonto, und selbstverständlich gibt's die Gesundheitskarte mit vergleichbaren Versicherungsansprüchen wie gesetzlich Krankenversicherte gratis dazu. Angesichts der abartigen Flüchtlingsmasse und der üblichen Bearbeitungszeiten von Asylanträgen in deutschen Amtsstuben (244), die sich gut und gerne über mehrere Monate hinziehen können, sowie der penetranten Verweigerung der Asylanten, freiwillig zu gehen, haben viele Flüchtlinge gute Chancen, die höheren Geldleistungen abzugreifen.

Im Herbst 2015 schlummerten beim Bundesamt für Migration und Flüchtlinge über 300.000 offene Asylanträge vor sich hin (245) und warteten auf ihre abschließende Prüfung. In der Schweiz oder in Norwegen soll dagegen die Bearbeitung von Asylanträgen innerhalb von nur 48 Stunden erfolgen. Die Deutschen sind entweder besonders gründlich in der Prüfung, überfordert oder einfach nur zu doof. Ich vermute eher letzteres, denn einfachheitshalber prüfte die Regierung einen Plan, wonach alle Syrer ohne Asylverfahren für drei Jahre einfach bleiben dürfen (246). Bezahlen dürfen den ganzen Kram letzten Endes jene Leistungsträger, die z.B. morgens um 5:30 Uhr in der Früh aufstehen, fleißig zur Arbeit rennen und am Monatsende über die Hälfte vom sauer verdienten Brot an Mama Merkel und Papa Schäuble und dessen Finanzämter abliefern, welche wiederum das Geld weiterleiten, womit letztendlich der gemeine Flüchtling finanziert wird. Niemand braucht wirklich einen extra Flüchtlings-Soli, denn Steuern sind nicht zweckgebunden und so können auch Einnahmen aus der KFZ-Steuer rein theoretisch dem Refugee-Sektor zufließen.

Damit die ganze Sache aber nun etwas vorstellbarer wird, basteln wir uns eine fiktive Flüchtlingsfamilie und nennen sie Mustafamann, mit verschleierter Ehefrau und 4 Kindern im Alter von 5, 6, 14 und 17 Jahren, die gemäß dem Asylbewerberleistungsgesetz einen Gesamtanspruch von 1.391 Euro pro Monat haben (902 € Sachleistungen und 489 € Geldleistungen). Was an Geld übrig bleibt, schickt manch Flüchtling in die Heimat, und während die Leistungsansprüche nach dem Asylbewerberleistungsgesetz für viele Deutsche völlig unbekannt sein dürften, machen sie von Afrika bis Asien massenhaft die Runde. Afrika ist übrigens der Kontinent, auf dem die Zahl der Millionäre am schnellsten wächst (247) – so viel zur bitteren Not. Und wer es in Afrika nicht zum Millionär schafft, versucht sein Glück eben mit dem Auswandern.

Flüchtlinge haben gezielt Germany im Kopf und rechnen sich im Schlaf das zukünftige Leben im Paradies schön. Unsere Sozialleistungen und die Rundumversorgung wecken in ärmeren Ländern eine große Begehrlichkeit, was durch den medialen Effekt von Internet und Fernsehen verstärkt wird. Bereits angekommene Flüchtlinge berichten den Daheimgebliebenen natürlich von der supertollen Refugees-Welcome-Stimmung in Deutschland und alles miteinander kombiniert, lässt immer mehr Menschen zur Erkenntnis gelangen, dass nur Deutschland der beste Ort der Welt sein kann, an dem es eine finanziell abgesicherte Zukunft und gute Versorgung für die ganze Familie gibt.

Offiziell wird uns erzählt, dass die Flüchtlinge nach Deutschland kommen, weil sie auf der Flucht vor Not, Krieg und dem Terror sind, aber diese Variante glauben mittlerweile nur noch die bekifften Gutmenschen. Wenn Flüchtlinge in der Lage sind, bis zu 20.000 Euro (248) an Schlepper für ihre Reise ins gelobte Land zu zahlen, dann stimmt etwas an dieser Logik nicht. Wer wirklich in Not ist, kann überhaupt keine finanziellen Mittel für die kostspielige Reise nach Deutschland aufbringen und sitzt in seinem Heimatland genauso fest, wie jeder Hartz-IV-Empfänger in Schland, der sich keinen Ausflug nach Eritrea, Syrien oder Afghanistan leisten kann. Die Ärmsten der Armen bleiben dem Krieg und Terror nach wie vorausgesetzt, genauso wie alle Kranken und Behinderten.

Wer etwas Geld besitzt, könnte sich immerhin für die billigste Variante nach Europa entscheiden und für wenige Hundert Euro ein Flugticket erwerben. Doch wie viele Flüchtlinge kommen in Europa am Flughafen an? Im Prinzip keine, denn in der EU gibt es eine strenge Richtlinie gegen die illegale Einwanderung (249) namens 2001/51/EG, die Beförderungsunternehmen mit hohen Strafen sanktioniert, falls sie Drittstaatsangehörige in den Schengen-Raum befördern und deren Einreise verweigert wird. Beförderungsunternehmen müssen dann die Rückreise bezahlen und falls eine sofortige Rückreise nicht möglich ist, finanziell für den Aufenthalt aufkommen, was mehrere Tausend Euro kosten kann. Keine Fluggesellschaft und kein Schifffahrtsunternehmen werden sich ein solches Risiko aufbürden, und Flüchtlinge ohne gültiges Visum befördern.

Deswegen können Touristen von der Türkei nach Griechenland zum normalen Ticketpreis schippern oder fliegen, während die Flüchtlinge für die selbe Wegstrecke an Schlepper ein Vermögen zahlen, denn rein rechtlich dürften die Flüchtlinge gar nicht einreisen. Zwar könnte die EU ihre Richtlinien ändern, um allen Flüchtlingen eine sichere Passage zu ermöglichen und kein Flüchtling müsste mehr elend im Mittelmeer ersaufen, doch dann würde sich plötzlich die halbe Welt in den Flieger setzen und bei uns um Asyl betteln. Das Chaos wäre noch größer als es heute schon ist. Der Flugverkehr würde zusammenbrechen und es wären keine Chemtrails mehr am Himmel – so etwas darf natürlich nicht sein.

Vom Illegalen zum Sozialhilfeempfänger

Normalerweise müssten sich Flüchtlinge ohnehin damit begnügen, im nächst befriedeten Land sicheren Unterschlupf zu erhalten. Für die Syrer wäre dies z.B. die Türkei. Flüchten jene Syrer ohne gültige Papiere über die Türkei und dringen illegal in Griechenland ein, müssten sie dort einen Asylantrag stellen. Tun sie dies nicht und wandern quer durch Europa nach Deutschland, müssten die Deutschen die syrischen Flüchtlinge gemäß der Dublin III-Verordnung eigentlich wieder zurück in jenes EU Land schicken, welches die Syrer zuerst betraten. Aufgrund der extrem hohen Flüchtlingszahlen stellte sich diese Verordnung in der Realität als reiner Blödsinn dar.

Ich erwähnte es anfangs schon: Die Gesetze werden in der EU permanent gebrochen, weshalb die EU-Kommission gegen Deutschland zwei Verfahren einleitete, aufgrund von Verstößen gegen europäische Asylgesetze (250). Mit dem Refugees-Welcome-Quatsch hatte Deutschland das Prinzip der Rechtsstaatlichkeit verletzt und die übertriebene Flüchtlingsversorgung erweckte den

Anschein, dass wir uns auf dem besten Weg zu einem multikulturellen Willkürstaat befinden.

Wer illegal in unser Land eindringt, aus einem sicheren Herkunftsland stammt und keinen echten Asylgrund nachweisen kann, müsste schnellstmöglich abgeschoben werden. In der Praxis wurden im ersten Halbjahr 2015 aber nur 8.178 Personen abgeschoben (251) und diese Zahl erscheint gegenüber 1.000.000 Flüchtlingen verschwindend gering, doch die Medien sprachen von deutlich gestiegenen Abschiebungen. Ich kann mir aber beim besten Willen nicht vorstellen, dass alle Menschen, die in voller Absicht ohne gültige Papiere auf dem Landweg illegal nach Deutschland einreisen, einen legalen Asylanspruch besitzen. Hätte die Zahl der Abschiebungen nicht viel höher sein müssen?

Eventuell, doch bis dies alles geprüft sein wird, vergeht in Anbetracht der Flüchtlingsmasse noch eine sehr lange Zeit, mitunter Jahre! Außerdem wehren sich Asylanten mit Händen und Füßen vor jeder Abschiebung. Sie spielen Katz und Maus mit den Behörden, sind am Abschiebetag nicht auffindbar oder verstecken Familienangehörige bei Bekannten. Es wird alles Mögliche unternommen, um der Abschiebungsmaßnahme zu entgehen, notfalls auch mit anwaltlicher Unterstützung. Rund 80% der Asylanten haben zudem keine gültigen Papiere und unsere Behörden können ohne genaue Identitätsfeststellung niemanden abschieben. Einige Herkunftsländer der Flüchtlinge kooperieren auch nicht mit den deutschen Behörden und erteilen keine Auskünfte zur Identitätsfeststellung eines Menschen. Die Bundesregierung versendete an jene Problem-Staaten sogar diplomatische Schreiben, um ihre Kritik zum Ausdruck zu bringen, sogenannte Demarchen (252), aber wahrscheinlich ohne Aussicht auf Besserung. Dies alles führt dazu, dass nur sehr wenige Asylanten auch tatsächlich (253) abgeschoben werden, während der Rest geduldet wird und bleiben darf.

Sind schließlich 15 Monate verstrichen, würde unsere Mustafamann Familie in Deutschland endlich Leistungen nach SGB XII erhalten - beachtliche 1.825 Euro pro Monat für den Regelbedarf des Haushalts. Für dieselbe Summe müssten die Flüchtlinge in ihrer Heimat sehr lange stricken. Nach neusten Einschätzungen sollen übrigens rund 90% der Flüchtlinge demnächst auf Hartz IV angewiesen sein (254), wo man uns doch zuvor immer erzählte, es würde sich um Fachkräfte handeln. Zu all diesen Hartz-IV Summen kommen natürlich noch die Nebenkosten hinzu (Miete, Heizung, etc.), die ebenfalls von „Mama Merkel Help Us" bezahlt werden, naja, eigentlich von den Steuerzahlern in Schland, denn alles, was der Staat auf der einen Seite freudig zum Fenster rausschmeißt, muss auf der anderen Seite gegenfinanziert werden, ebenso das Schuldenmachen der Regierungen, das darüber hinaus noch unsere Nachfolgegenerationen belastet – aber all das interessiert den gewöhnlichen Flüchtling überhaupt nicht.

Über Geld und andere Dinge spricht man nicht

Was uns die Ausländer in Deutschland wirklich kosten, wird von der Regierung wohl wissend verschleiert. Stattdessen werden wir mit bunten Studien zugemüllt, die uns den Migrantenstadel schönrechnen. Allerdings gibt es über die Migration auch kritisches Zahlenwerk, etwa vom Ifo-Institut, nach deren Berechnung die finanzielle Nettobilanz pro Migrant minus 1.800 Euro im Jahr beträgt (255) – ein Verlustgeschäft also. Bei Millionen von Migranten ergibt dies Milliarden, und bei Millionen von Flüchtlingen ergibt dies noch vielmehr Milliarden an Unkosten. Eventuell müsste sich der Staat dadurch weiter verschulden, doch damit die Staatsdefizite gemäß dem Maastricht Kriterium nicht aus dem Ruder laufen, plant die EU vorsorglich eine Änderung der Bilanzierungsregel, um die Mehrkosten für den Flüchtlingswahnsinn einfach aus der Haushaltsberechnung auszugliedern (256). Die Flüchtlinge kosten uns dann zumindest im offiziell manipulierten Zahlenwerk nichts, aber letztendlich zahlen wir Steuerzahler trotzdem für alles, und dies wird nicht wenig sein bei der Masse an Eindringlingen, die aufwändig versorgt wird.

Wir brauchen uns nur mal im Detail anzugucken, was die Unterbringung von Flüchtlingen an Geldern verschlingt, etwa an einem Beispiel aus der wunderschönen Stadt Hannover, die durch eine erbarmungslose Refugee-Bereicherung gerade zum Armenhaus verkommt. Anfang 2015 veranschlagte die Stadt 65 Millionen Euro zum Bau und zur Unterhaltung von Container-Dörfern für 2.200 Flüchtlinge (257). Hinter diesen Kosten versteckten sich allein 15 Millionen Euro für die Betreuung der Flüchtlinge. Die Sozialarbeiter und Wachdienste freut es - endlich haben sie einen sicheren Job, denn Flüchtlinge sterben so schnell nicht aus. Der Finanzhaushalt der Stadt driftet dagegen immer weiter in die roten Zahlen ab. Für das Jahr 2015 wurden im September 45 Millionen Euro anlaufenden Kosten (Personal, etc.) und 50 Millionen Euro für Investitionen (Immobilien, etc.) beziffert – dies sind 95 Mio. Euro an Gesamtausgaben nur für Flüchtlinge! Für das Jahr 2016 veranschlagte die Stadt sogar 177 Millionen (258) „Refugees-Welcome-Kosten“ und der Bund legt nochmal 42 Millionen Euro obendrauf. Pro Flüchtling, der den Weg nach Hannover fand, macht dies 20.600 Euro im Jahr, wovon 6.000 Euro erstattet werden und die Stadtkasse die restlichen 14.600 Euro tragen muss.

Die meist überschuldeten Kommunen - Hannover rechnet mit einer langfristigen Schuldenlast von 1,5 Mrd. Euro - müssen primär die

Kosten für die Flüchtlinge aufbringen, denn das Land oder der Bund erstattet immer nur einen Teil dieser Kosten. Die Bundesregierung hat den ganzen Schlamassel zu verantworten, da sie die äußeren Staatsgrenzen nicht ordentlich absicherte und ungehindert fremde Menschenmassen eindringen ließ. Im Falle von Hannover war es so, dass die Stadt sich die Flüchtlinge finanziell eigentlich nicht leisten konnte. Für das Jahr 2015 wurde ein Minus von rund 102 Millionen Euro bilanziert und für 2016 sogar 147 Millionen Euro – der Schuldenberg wird immer größer. Die Stadt lebt nur noch von der Hand in den Mund, muss teure Kassenkredite bedienen und sucht händeringend nach Einnahmequellen, weshalb neben Einsparungen in der Verwaltung auch Steuererhöhungen erwägt werden. Das Paradoxe kommt aber nun: In Teilbereichen - die vermutlich nichts mit Ausländern zu tun haben - wird das Personal verschlankt, bis 2018 sollen rund 180 altersbedingt freiwerdende Stellen nicht neu besetzt werden, während anderswo ein Mehrbedarf an 267 Stellen errechnet wurde, wovon 140 Stellen allein auf die Betreuung von Flüchtlingen entfallen.

Wäre mit dieser Ausführung eigentlich der Beweis erbracht, dass die Deutschen tatsächlich ihren Gürtel enger schnallen müssen, um die Ausländer durchzufüttern? Natürlich nicht! Hannover ist nur ein bedauerlicher Einzelfall. Die Zahlenwerte variieren je nach Fall und wir dürfen nicht vergessen, dass es sich um Menschen in großer Not handelt und wir Hilfe leisten müssen, anstatt mit dem rechten Auge auf die kurzfristige Finanzlage zu schielen. Trotzdem ist es nicht von der Hand zu weisen, dass die absoluten Kosten für einen Flüchtling pro Monat einige Tausend Euro betragen können, je nach personeller Fürsorge und Art der Unterbringung.

Richtig teuer wird es immer dann, wenn vor Ort akuter Platzmangel herrscht und Kommunen bereit sind, für Notunterkünfte alternativlos hohe Preise von bis zu 20.000 Euro im Jahr pro

Flüchtling (259) auszugeben. Ich glaube, für 1.666 Euro im Monat würden viele Einheimische liebend gerne einen Flüchtling bei sich zuhause in den eigenen vier Wänden aufnehmen, doch unsere Regierung unterstützt lieber die Geldschneiderei von skrupellosen Unternehmen, die mit den Flüchtlingen ihren Reibach machen. Die Kritik an den immensen Kosten der Unterbringung und Versorgung von Flüchtlingen verstummt fast völlig in der öffentlichen Diskussion. Schuld sind wieder mal die Gutmenschen, denn nach deren Manier kann jede Kritik gegen Flüchtlinge nur aus dem dreckigen Mundwerk einer faschistischen Nazi-Sau stammen und Faschismus ist bekanntlich keine Meinung, sondern ein Verbrechen! Aber solange die Deutschen sich finanziell nackig machen und an das Sterntaler Märchen von Mama Merkel glauben, ist alles in bester Ordnung.

Als kritischer Zeitgenosse möchte ich dennoch gerne von unserer neurotischen Refugees-Welcome-Regierung wissen, wie lange es dauert, bis die Flüchtlinge den deutschen Kommunen jenes Geld zurückgeben, was sie momentan in Massen vertilgen? Aktuell ist es nun mal so, dass die Flüchtlinge unser deutsches Staatswesen finanziell belasten und durch ihr Massenaufkommen den täglichen Ablauf in der Republik massiv stören, weil eine deutsche Heerschar mittlerweile nichts anderes zu tun hat, als sich unentwegt um die Flüchtlinge zu kümmern. Die Gelder und sonstige Ressourcen für die Flüchtlinge stammen überwiegend aus den Finanzmitteln der deutschen Kommunen, die es sich über Umwege wiederholen. Zwar wird immer gesagt, dass der Bund den Ländern und Kommunen finanziell unter die Arme greift und die Asylkosten erstattet, allerdings immer nur zum Teil und sehr sporadisch – für 2016 wurde eine Kopfpauschale von 670 Euro im Monat veranschlagt (260). Die Tatsache, dass die Gelder des Bundes sich aus dem Steueraufkommen zusammensetzen, wird dabei gerne vergessen.

Um es klipp und klar auf den Punkt zu bringen: Wenn hier jemand in der Flüchtlingskrise etwas erstattet oder finanziert, dann sind wir es, die Steuerzahler von Schland! Die Stadt Mettmann informierte schon im Sommer 2015 ihre Bürger, die Grund- und Gewerbesteuer anzuheben und begründete ehrlicherweise diesen Schritt unter anderem mit den höheren Kosten für Asyl (261). Natürlich ruderte die Stadt in dieser Angelegenheit sofort zurück und entschuldigte sich für diese „unsensible“ Ausdrucksweise. Inzwischen darf man in der BRD, wie damals in der DDR oder dem Nationalsozialismus, offenbar nicht mehr die Wahrheit sagen, nach dem Motto: Es kann nicht sein, was nicht sein darf! Daher werden zukünftig sämtliche Erhöhungen von Steuern und Abgaben wohl nur noch durch allgemeine Kostensteigerungen erklärt, wohinter sich so einige Rechnungsposten für Flüchtlinge verbergen dürften.

Vier von fünf Kommunen möchten demnächst fleißig an der Gebühren- und Abgabenschraube nach oben drehen, und nebenbei könnte so manche Haushaltsposition dem Rotstift zum Opfer fallen (262). Im schlechtesten Fall sieht der Alltag dann so aus, dass wir höhere Gebühren für unser Trinkwasser, die Kita-Betreuung und für den Hausmüll berappen müssen, während vor unserer Nase das örtliche Schwimmbad aus Kostengründen geschlossen wird, aber gleichzeitig alle fremden Eindringlinge bestmöglich umsorgt werden. Also können wir uns doch nicht die grenzenlose Asylpolitik leisten, oder sollen zum Schluss die Deutschen enteignet werden, nur um die ganze Welt durchzufüttern? Der Staat ist eigentlich bankrott und kann das Geld nur noch bei seinen Bürgern eintreiben, was er über die Erhebung von Steuern auch fleißig macht.

Deutschland steht mit über 2.200 Mrd. Euro in der Kreide, weshalb die letzten Jahre eine überwiegend eiserne Haushaltsdisziplin herrschte, um die berühmte schwarze Null zu erreichen. Viele notwendige Ausgaben wurden zurückgestellt, sodass sich ein hoher

Investitionsstau ergab – kaputte Straßen überall im Land sprechen für sich. Doch plötzlich kamen die Flüchtlinge daher und forderten alles für ein besseres Leben ein, wofür die Deutschen jahrzehntelang hart schuften mussten, und unsere Regierung sah sich nicht mehr zum Sparen veranlasst. Unser Sozialstaat wurde über Generationen aufgebaut und ist nicht einfach so vom Himmel gefallen und vor allen Dingen ist es eine nationale Einrichtung. Wenn die Menschen in anderen Ländern eine ähnliche Versorgung genießen möchten, dann müssen sie sich vor Ort dafür einsetzen und nicht als Flüchtling nach Deutschland kommen, um hier die Hand aufzuhalten.

Mich beschleicht der Gedanke, dass wir neuerdings das Sozialamt der Welt sind. Unsere Großeltern haben sich aber nicht den Buckel krumm gemacht, damit es fremden Eindringlingen aus dem Nahen Osten oder Afrika gut geht, sondern damit es den eigenen Kindern, damit es uns, den einheimischen Familien, deren Gesamtzahl die Deutschen ausmachen, es einmal besser im Leben haben! Ich möchte ein Deutschland, das diesen Egoismus einer jeden deutschen Familie, zum eigenen Wohle zu handeln, im Kollektiv nach außen trägt. Ich fordere von unserer Regierung die einfache Gesetzmäßigkeit ein, der indigenen Bevölkerung zu dienen und nicht einer geheimen internationalen Doktrin, eines menschenverachtenden Großkapitalismus. Der Mensch ist keine Ware! Flüchtlinge sind Menschen und Menschen fühlen sich am wohlsten in ihrer Heimat. Es ist doch nicht unsere Aufgabe, die Dahergelaufenen aus aller Welt zu umsorgen. Wo bleibt die Eigenverantwortung der Menschen für das Handeln in ihrer Heimat? Die Flüchtlinge stellen in der Summe ein ungeheuerliches Humankapital dar, dass zum Teil von der deutschen Wirtschaft irgendwann abgeschöpft werden kann oder auch nicht – das hängt wohl eher von der Qualifikation und Arbeitsmoral ab. Fest steht jedoch, dass jeder Flüchtling, der in Deutschland bleibt, in seinem Herkunftsland als schöpferische Kraft fehlt. Die Chinesen sind vor 30 Jahren doch auch nicht alle ausgewandert, weil das Land wirtschaftlich marode war, sondern haben in einem Kraftakt ihren Staat zu einer Wirtschaftsmacht entwickelt.

Jedem Flüchtling das Recht anzuerkennen, in Deutschland bleiben zu dürfen, ist absurd und weltfremd, denn damit werden die Probleme in den Herkunftsländern der Flüchtlinge nicht gelöst, sondern meist nur verschlimmert. Wie soll jemals ein Staat wie z.B. der Irak, Syrien oder Afghanistan wieder auf die Beine kommen, wenn massenhaft die Menschen daraus flüchten, das Chaos regiert und nur noch eine bettelarme und ungebildete Unterschicht zurückbleiben? In Afghanistan verließen zeitweise laut Sicherheitskreisen bis zu 100.000 Menschen pro Monat das Land (263) und ihr Traumziel lag nicht in der Mongolei, sondern tausende Kilometer entfernt mitten in Europa – Mama Merkel wartete schon. Die afghanische Regierung stellte extra Reisepässe in Massen aus, damit alle ungehindert durch den Iran und weitere Länder reisen konnten und es erweckte den Anschein, als könnte dahinter ein geheimer Plan der westlichen Welt gestanden haben, um die Masseneinwanderung nach Europa zu forcieren. Waren die afghanischen Bürger dann endlich auf dem Boden der EU angekommen, schmissen alle ihre Pässe weg, verbrannten sie und behaupteten den größtmöglichen Unsinn, der noch als glaubwürdig anerkannt wurde, um in Deutschland bleiben zu dürfen.

Die Schlepper- & Schleuser-Dienstleistungsunternehmen versorgen die Refugees vorab mit allerlei nützlichen Informationen und erklären jedem genau, wie gesetzliche Regelungen anzuwenden und bei Bedarf auszuhebeln sind, um ein Asyl-, Bleibe- oder Duldungsrecht mit allen möglichen Tricks zu erwirken. Einer dieser Tricks ist die Taufe. Islamische Flüchtlinge konvertieren in

Deutschland zum Christentum, um sich bessere Chancen auf ein Bleiberecht zu verschaffen (264). Die Abkehr vom Islam wird mancherorts nämlich mit dem Tod bestraft und wenn Gefahr für Leib und Leben in der Heimat droht, darf der Flüchtling nicht abgeschoben werden und erhält Asyl. Wie lange sich Deutschland diese Moral wohl noch leisten kann? Wir werden von den Flüchtlingen nach Strich und Faden verkohlt und es ist längst überfällig, den Flüchtigranten den Spaß am Asylbetrug zu verderben.

Das Taschengeld für Asylanten durch Sachleistungen zu ersetzt, wie es ein Beschluss der Regierung vorsah (265), genügt nicht. Dann stehen Flüchtlinge mit der Tüte voller Sachen und ein paar Drogen irgendwo im Stadtpark und versuchen, ihre Ware gegen Bares auf dem Schwarzmarkt loszuschlagen. Vielleicht kommen die Gutmenschen vorbei und kaufen diese Sachen ab – bekifft genug wären sie. Die brutale Variante könnte aber auch sein, dass skrupellose Flüchtlinge – die korrekte Bezeichnung wäre dann wohl Zuhälter mit Migrationshintergrund - einfach die Frauen und Kinder zur Prostitution zwingen, um an die benötigten Barmittel zu gelangen. Eine Verschärfung des Asylrechts führt vielleicht zu noch bunterem Treiben in Schland und kein Flüchtling würde davon abgeschreckt. Die Schlepper werden ohnehin behaupten, dass in Deutschland alles super ist und jeder ein Haus und Geld vom Staat bekommt, ohne dafür arbeiten zu müssen, was in gewissem Maße sogar zutreffend wäre.

Letztendlich haben wir keine Ahnung, mit welchen Vorstellungen die Refugees zu uns kommen, es muss sich jedoch um sehr positive Vorstellungen handeln, denn sonst würden sie sich nicht auf den Weg nach Deutschland machen. Erst wenn wir den Flüchtlingen demonstrieren, dass wir sie unter allen Umständen wieder nach Hause schicken, werden sie fernbleiben, doch unsere Regierung denkt im Traum nicht daran. Die deutsche Asylpolitik weckt bei vielen Menschen die Hoffnung auf ein besseres Leben und wenn sich in den Köpfen der Flüchtlinge allabendlich die Träume vom deutschen Paradies manifestieren, werden die Refugees vor Antritt der Reise bereit sein, gut und gerne 5.000 Euro bis 20.000 Euro dem Schlepper in den Rachen zu werfen – in bar natürlich und in einem Betrag fällig. Bei 100.000 Afghanen, die pro Monat ihre Koffer packten, ergab sich ein Marktvolumen im Wert von 0,5 Mrd. bis 2 Mrd. Euro, nur für die reinen Schlepper- & Schleuser-Dienstleistungen.

Wenn die Menschen in Deutschland sind, kommt nochmal die zehnfache Summe hinzu, für die Unterbringung, Versorgung, Bewachung, Betreuung, Verwaltung und eben all jenem, womit die Ärsche aus der Refugees-Industrie gepudert werden. Im Jahr können durch 100.000 Flüchtlinge renditeträchtige Marktvolumina in der Höhe von geschätzten 10 Mrd. Euro generiert werden. Das klingt jetzt vielleicht viel, aber das wären pro Kopf nur 100.000 Euro und wenn man bedenkt, dass für eine schnöde Containerunterbringung pro Kopf schon 20.000 Euro fällig werden, mit der Tendenz weiter steigender Kosten, wirkt diese Summe gar nicht mal so unrealistisch. Und selbst wenn ein Refugee-All-Inklusive-Paket nur die Hälfte oder ein Viertel kostet, also 50.000 Euro oder 25.000 Euro pro Jahr, wären dies bei 1.000.000 Flüchtlingen gigantische Summen von 25 Mrd. Euro bis 50 Mrd. Euro, was in dieser Größenordnung neben der Automobil-, Chemie, und Telekommunikationsbrache definitiv ein bestimmender Wirtschaftsfaktor in Deutschland wäre. Die Deutsche Bank, die selbst gerne die Milliarden versenkt (266), sprach daher in Bezug zur Flüchtlinge von einer positiven Asylpolitik Merkels (267) und schwafelt etwas von Wachstumsraten der Wirtschaft und so. Abgesehen davon, dass den Banken während der Finanzkrise vom

Staat die Milliarden in den Hintern gesteckt wurden und die Moralvorstellung innerhalb der Finanzbranche unter der Moral eines Massenmörders notiert, hatte die gute Chefvolkswirtin des Geldinstituts, die den Kram ausplauderte, zum Teil sogar Recht.

Boom Branche Asyl und deren Schattenseiten

Der große aber feine Unterschied der Asyl-Industrie zu allen anderen Wirtschaftssektoren in dieser Republik ist die Tatsache, dass der Refugees-Markt ein Boom-Sektor mit fantastischen Wachstumsaussichten ist, denn auf der Welt sind über 60 Mio. Menschen auf der Flucht (268). Dies entspräche nach meiner Berechnung einem Marktvolumen von bis zu 3.000 Mrd. Euro, das nur darauf wartet, endlich abgeschöpft zu werden, während in allen anderen Bereichen die Unternehmen mit niedrigen Margen, einem harten Wettbewerb und Umsatzrückgängen zu kämpfen haben. Es dauert nicht mehr lange und die ersten Börsenanalysten werden sich damit beschäftigen, alle Unternehmen herauszupicken, die an der Flüchtlingskrise profitieren. Dann werden Refugees-Welcome-Fonds geschnürt und alle Bürger können sich bei der Bank ihres Vertrauens die Refugees-Wertpapiere kaufen und an dem fantastischen Wachstumsmarkt partizipieren, während die Europäische Zentralbank mit ihrer Niedrigzinspolitik die übrigen Sparer gnadenlos abzockt.

In der linksalternativen Republik gilt die Aktienkultur allerdings als ein Werk des Teufels und so erscheint es realistischer, dass das ganze Schlepper- und Schleuser-Geschäft weiterhin im Verborgenen abläuft. Würden die Menschen das geldgeile, perverse Treiben hinter der Maske der Hilfsbedürftigkeit erkennen, und dass die Refugees für die Migrantenindustrie dasselbe darstellen wie die

Autos für die Automobilindustrie, nämlich ein Produkt zu sein, wäre der Aufschrei und Imageschaden um Welten größer als beim Diesel-Abgas-Skandal von Volkswagen. Bemerkenswert ist auch der Umstand, dass das Bundesamt für Migration und Flüchtlinge allmonatlich seine Asylgeschäftsstatistik veröffentlicht – der Name sagt schon alles. Aber negative Publicity möchte natürlich keiner, denn dies wirkt sich immer nachteilig auf das Geschäft aus und niemand aus dem Migrantenstadel ist daran interessiert, dass irgendjemand den Stecker zieht und die multikulturelle Permanent-Beschallung verstummt.

Die Migranten- und Asylindustrie in Deutschland zu schließen wäre volkswirtschaftlich wahrscheinlich genauso schädlich, wie alle Automobilwerke in Deutschland dicht zu machen und wir wissen doch alle, wie groß das Geheule ist, wenn nur ein Opel-Produktionsstandort niedergemacht wird. An einem Refugee und späteren Migrant hängen dutzende Dienstleistungen und Arbeitsplätze, insofern ist die Vorstellung, unsere Regierung würde den Asylwahnsinn beenden, absolut unrealistisch, denn die BRD handelt seit ihrem Bestehen nur nach marktwirtschaftlichen Aspekten. Die ersten Ökonomen trauten sich bereits zu sagen, dass die Flüchtlingskrise unsere Wirtschaft in Deutschland beflügelt und die Weltbank geht davon aus, dass die nächsten Jahrzehnte die Wanderbewegungen von Afrika und dem Nahen Osten in das wohlhabende Europa anhalten werden (269). Wir bräuchten schon einen großen Krieg in Europa, das keiner mehr kommt, dann werden wir aber selbst zu Flüchtlingen – keine guten Aussichten also.

Der ganze Spaß mit den Refugees fängt also gerade erst an, der Schneeball gerät ins Rollen und wird immer größer! Der Zustrom von Flüchtlingen kann nur politisch gewollt sein, deshalb bauen die Deutschen für die Flüchtlinge neue Wohnungen und lassen die einheimischen Obdachlosen weiterhin im Dreck versinken, denn diese sind einfach nicht Teil des Plans. Dem Kapitalismus ist es egal, ob Deutschland den zweiten Weltkrieg fortführt und dabei alle Länder in Schutt und Asche legt, oder ob Deutschland den Migranten- und Asylirrsinn weiter betreibt, bis das eigene Volk verreckt – Hauptsache der Rubel rollt, und das kreditgetriebene Wirtschaftssystem bleibt am Laufen. Deutschland ist nur ein Zahnrad im globalen Weltfinanzsystem, aber würden wir uns querstellen, könnten wir den Lauf der Dinge stark beeinflussen! Doch zunächst müssen wir uns mächtig fühlen, in dem Sinne, dass wir uns schlichtweg trauen, etwas zu machen, wofür uns keiner mehr in der Lage hält und vielleicht gehört auch ein bisschen Größenwahnsinn dazu. Dafür müssen wir uns nicht schämen, denn der Wahnsinn regiert in diesem Land schon seit über 50 Jahren.

Wir befinden uns ohnehin in einem bedeutenden Zeitalter, in dem es gilt, die Weichen für die Zukunft zu stellen, denn die mathematischen Chancen sind momentan wahnsinnig hoch, dass das globale Geld- und Wirtschaftssystem auseinanderfliegt - die bisherige Banken- und Eurokrise waren nur kleine Vorboten und die nächste Erschütterung im Finanzsystem steht uns unmittelbar bevor, wie kluge Köpfe aus der Investmentbranche zu verstehen gaben (270). Alles Geld der Welt ist übrigens nur Kredit und unser Geldsystem erlaubt keinen Kreditrückgang, ansonsten würde das Geldsystem kollabieren. Es wäre der Untergang, da bei der Kreditrückzahlung die Geldmenge aus dem Umlauf verschwindet, was einer Geldvernichtung entspricht. Die Wirtschaft muss ständig wachsen, wozu Kredite notwendig sind, wobei die Refugees dem Geldsystem momentan das Wasser auf die Mühle tragen. Wir haben bereits am Beispiel von Hannover gesehen, wie sehr sich eine Stadt für die Refugees-Welcome-Kultur verschulden muss und dies sorgt in der Masse der Kommunen deutschlandweit für ein hohes

Schuldenaufkommen. Diese Prozesse laufen für die Bevölkerung völlig im Stillen ab, ohnehin interessiert sich niemand für die Mechanismen hinter dem Geldsystem, Hauptsache man kann sich für den Euro etwas leisten, doch Henry Ford sagte schon vor vielen Jahrzehnten einen bemerkenswerten Satz, den ich kommentarlos zitieren möchte: *„Würden die Menschen das Geldsystem verstehen, hätten wir eine Revolution noch vor morgen früh."*

Aber bevor die Deutschen eine Revolution machen, gehen zuerst die wütenden Krimigranten und Flüchtlinge auf die Barrikaden – die meisten von ihnen sind jung, vital und vielleicht auch ein bisschen radikal. Vermutlich braut sich gerade ein Gewitter zusammen, obwohl die Leistungsträger in Deutschland ihren Wohlstand momentan mit allen Refugees teilen und sich bei der Umsorgung einen Arm ausreißen. Dennoch sind viele dahergelaufene Ausländer unzufrieden, was an den bisherigen Ausschreitungen schon sichtbar wurde. Besonders groß ist die Unzufriedenheit immer dann, wenn die Erwartungshaltung wesentlich größer ist, als die Erlebnisse in der Realität. Die Flüchtlinge kommen mit der Vorstellung hierher, dass bei uns Freiheit und Demokratie herrscht, worunter sie verstehen, dass sie tun und lassen können, was sie wollen und der Staat vollumfänglich für das tägliche Leben aufkommt.

Besonders der syrische Flüchtling scheint sich benachteiligt zu fühlen, wenn er in einer überlaufenen Annahmestelle landet, nachdem ihm zuvor die Schleuser- und Schlepper-Tour schlappe 18.000 Euro gekostet hat (271) und er sich im Chaos wiederfindet, wo Flüchtlinge aller Art um Almosen betteln und der Syrer an sich keine besondere Beachtung mehr findet, worauf er dann sauer auf alle anderen Ausländer reagiert, die nicht aus einem Kriegsgebiet stammen, wie Albaner, Marokkaner oder Serben, denn diese scheinen ihm offenbar den Platz in Deutschland streitig zu machen. Manch Syrer war gar so bitter enttäuscht von den Zuständen in diesem Schland, dass er sich wünschte, er wäre lieber durch eine Rakete oder ein Maschinengewehr in Syrien gestorben. Welche Verbitterung die Refugees wohl erfahren, wenn unsere Regierung damit anfängt, sie in die unterste Stufe der Leiharbeit zu integrieren? Ich kann mir vorstellen, dass 500.000 Refugees nach einem Jahr der Leiharbeit eher gegen die Ausbeutung der Arbeitskraft protestieren, als fünf Millionen Deutsche, die sich seit Jahrzehnten unter der Knechtschaft der bunten Republik ausplündern lassen.

Der moderne Refugee will gewiss kein Ersatz für den deutschen Arbeiterarsch sein, dem man die Stützte streicht, wenn er freiwillig kündigt und der so lange sanktioniert wird, bis er die beschissenste Drecksstelle annimmt, nur um über die Runden zu kommen. Wenn der Flüchtling nicht gerade im Vier-Sterne-Hotel (272) residieren darf - kein Witz - nachdem er ein Vermögen für die Reise bezahlt hat, wird er schon misslaunig. Das Skurrile dabei: Wenn Refugees in Luxusunterkünfte gesteckt werden, wie in Halle, wo ein ganzes Maritim-Hotel (273) zur Herberge für 700 Flüchtlinge mutierte, drohte dem ehemaligen Hotelpersonal bedauerlicherweise die Arbeitslosigkeit. Es gibt Dutzende weitere Fälle, die ähnlich gelagert sind, was den Anschein erweckt, dass die Refugee-Industrie funktionierende Wirtschaftszweige zerstört und sich deren Ressourcen zum Teil bemächtigt und dabei Opfer fordert, was der Asylpolitik in Deutschland den parasitären Beigeschmack einer Filzlaus verleiht. In Köln argumentierte die Stadt jedoch völlig anders und hatte keinerlei Gewissensbisse, bei einer Zwangsversteigerung 5,8 Millionen Euro für ein 4-Sterne-Hotel zu bieten, es anschließend für 500.000 Euro als Flüchtlingsunterkunft umbauen zu lassen und das Hotelpersonal vor die Tür zu setzen, um Platz für 80 bis 200 Flüchtlinge zu bekommen (274) (275). Die Nazis jagten die Juden ebenfalls aus ihren Berufen, weil es das politische

Leitbild zur damaligen Zeit des Nationalsozialismus so vorsah und heute jagen die rotgrünen Refugees-Welcome-Nazis ebenso die Menschen aus ihrem Job, weil sie nicht in das politische Leitbild der multikulturellen Umvolkung passen.

Das eine sind die braunen Nazis, die anderen sind die bunten Nazis, und in ihrem Verhalten sehe ich unweigerlich gewisse Parallelen, wenn auch unter einem anderen politischen Vorzeichen. Sobald das Nazi-Schimpfwort fällt, ist aber meist die Diskussion beendet, doch wir führen sie munter weiter und rechnen die Kosten des Refugee-Luxushotels pro Flüchtlingsplatz um, woraus sich als Einmalbetrag pro Refugee-Welcome-Person eine Kalkulationsgröße von 31.500 bis 78.750 Euro ergibt - und die Unterhaltskosten addieren sich monatlich noch hinzu! Niemals würde eine deutsche Kommune ähnlich hohe Aufwendungen betreiben, um die einheimischen Obdachlosen von der Straße zu bekommen, doch bei den Refugees werden keine Kosten und Mühen gescheut, denn die Migranten-Lobby ist mächtig, sorgt für lautes Tamtam, wenn es keinen Geldregen gibt, und der Deutsche bleibt ungehört, denn er hat keine Lobby.

Die Flüchtlinge nehmen den Obdachlosen aber nichts weg (276), soviel muss gesagt sein! Vermutlich leben die Obdachlosen freiwillig auf der Straße, weil es schön ist, so wie die Flüchtlinge freiwillig zu uns kommen, weil es eben schön ist und unsere Regierung sorgt nur dafür, dass es alle schön haben, wobei die Einen schön alt aussehen, die Anderen schön blöd aus der Wäsche gucken und der Refugee schönschön ist, isst, residiert, migriert, integriert, onaniert, interagiert oder sonst was treibt. Jedenfalls kosten unsere 200 kölschen Lieblingskinder im 4-Sterne-Bunker monatlich 71.800 Euro oder 861.600 Euro im Jahr (359 Euro je Refugee-Haushaltsvorstand) und dasselbe nochmal für den Kram drum herum (Verwaltung, Betreuung, Security, etc.), was im ersten Jahr Gesamtkosten von

40.116 Euro pro Refugee ergibt oder 3.343 Euro pro Nase und Monat (Unterkunft + Versorgung + Umsorgung).

Hat irgendjemand noch Zweifel an der Wirtschaftsmacht der Migranten-Industrie, wenn die Regierung und Kommunen unsere Steuergelder mit voller Wucht in die Waagschale werfen und damit auf Teufel komm' raus die Refugees finanzieren? Beim Kindergeld wird geknausert und bei den Refugees aufgetrumpft – asozialer kann ich mir unsere National-Regierung kaum noch vorstellen. Jeder Flüchtling kostet uns mindestens im Schnitt 1.000 bis 3.000 Euro pro Monat, und für die gleiche Geldsumme könnten wir unseren eigenen Nachwuchs fördern. Doch die deutsche Regierung zahlt lieber 670 Euro pro Monat als Flüchtlingspauschale an die Länder, anstatt 670 Euro pro Monat als Kindergeld an die eigene Bevölkerung. Ständig wird gejammert, dass die Deutschen zu wenig Kinder bekommen und immer wird behauptet, dass wir die Zuwanderung brauchen, doch ich behaupte, dass wir keine Zuwanderung brauchen, sondern nur eine kinderfreundliche Familienpolitik, um die Geburtenrate anzukurbeln. In Schland wird den Deutschen aber nur eine Last aufgebürdet, finanziell über Abgaben und Steuern und gesellschaftlich über die Immigration und Integration von Moslemherden.

Der Zerfall

Und jetzt soll keiner behaupten, dass uns die Migration nicht belasten würden: Die vielgepriesene Bereicherung der Migranten findet doch nur im Geldsäckel der Profiteure statt. Das ist das Gleiche wie beim Öko-Strom, die Masse zahlt jedes Jahr eine höhere Rechnung, nur damit die wenigen Besitzer von Windkraft- und Solaranlagen über die Umlagen ihre Milliarden einstreichen können. Wer seine finanzielle Einnahmequelle oder sein Arbeitsplatz den Asylanten oder Migranten zu verdanken hat, findet die momentane Entwicklung vielleicht noch gut. Damit würden jene Menschen dieselbe Moral besitzen, wie jeder Mitläufer des Nationalsozialismus, der seinen Profit aus der damaligen politischen Lage zog.

Ab jetzt sind für mich die Refugees-Welcome-Bring-Your-Families-Gutmenschen daher durchgeknallte Refugee-Nazis und ich fühle mich wie Adam, der gerade dabei zusieht, wie seine Merkel-Eva die Früchte des letzten deutschen Apfelbaums vertilgt und an ihrer Brust die Refugees säugt – mir wird einfach nur schlecht bei der Vorstellung. Jeder kennt die wahren biblischen Geschichten, außer die islamischen Refugees natürlich, darum glauben die auch das Märchen von Mama-Merkel, dass Deutschland das Paradies sei, während die Christen wissen, dass sie schon vor langer Zeit aus dem Paradies rausgeworfen wurden und es kein Paradies auf Erden geben kann, solange der Satan regiert, sprich unsere weltlichen Regierungen noch an der Macht sind. Diese Erkenntnis erzählen mir die Zeugen Jehovas schon seit Jahren. Jedes Mal, wenn ich mich mit ihnen unterhalte, reden sie vom Armageddon, dem Ende der Welt, und langsam fange ich an, einiges davon zu glauben, wenn ich die auflösenden Strukturen auf unserem heutigen Globus und in unserer Gesellschaft sehe, wobei die Refugees nur ein Puzzleteil des Ganzen darstellen.

Die Flüchtlinge sind daher nicht das große Problem, sondern der Zerfall im System an sich. Dies wird auch zwangsläufig das Geldsystem betreffen und das wissen natürlich auch die Verantwortlichen in der Regierung, also feiern die Demokraten in der BRD noch schnell den bunten Migranten-Refugees-Fasching bis ins Delirium. Und wer danach mit einem Kater aufwacht und das Chaos sieht, gibt sich in seiner Verzweiflung die Kugel. Was jetzt nach Endzeitstimmung klingt, ist weniger dramatisch, als es sich anhört, denn in der Natur erlebt alles einen Zyklus, und der Ablauf ist immer der gleiche: Dinge entstehen, um irgendwann zu vergehen. Nichts währt ewiglich, außer das Wirtschaftswachstum und die Dummheit der Menschen, wobei ich mir beim ersten nicht ganz sicher bin, was jedoch nicht zwangsläufig bedeutet, dass die Deutschen dumm wären. Mich beschleicht allerdings das Gefühl, als würde unsere Regierung von einer Dummheit des Volkes ausgehen und uns wie Stimmvieh im BRD-Kuhstall behandeln, das alle vier oder fünf Jahre vom gutmenschlichen Zeitgeist zur Wahl nach links oder in die Mitte getrieben wird, um auf einem Wahlzettel einen mit X symbolisierten Scheißhaufen vor den Namen einer systemkonformen Partei zu setzen. Und damit jeder an der richtigen Stelle das Kreuzchen macht, werden rechte Parteien vermutlich bald ganz verboten. Dann dürfen wir endlich frei wählen, ob wir bunt, bunter, noch bunter, am buntesten oder am absolut buntesten sein möchten. Die freie Demokratie wird damit zur feigen Demokratie, die sich nicht mehr dem Oppositionellen stellt und wie eine Diktatur ihren Herrschaftsanspruch durch Gewalt manifestiert. Auf Dauer funktioniert das aber genauso wenig, wie der Sonne zu verbieten, abends unterzugehen, nur weil die Politik den bunten Refugee-Regenbogen im romantischen Sonnenschein propagiert – „Wir schaffen das", lautete das Credo, doch die Abenddämmerung kommt bestimmt!

In Dunkel-Deutschland marschiert bereits eine rechte Bewegung (277), die durch den Refugees-Wahnsinn an Popularität gewinnt und auch im europäischen Ausland sind nationales Aufbegehren zu beobachten. Ich habe Verständnis für den Unmut in der Bevölkerung und ebenso für alle Refugees-Welcome-Spastiker, denn in der Geschichte der BRD ist diese Entwicklung einmalig und die Masse der Bürger hat keinerlei Erfahrungswerte zur

Flüchtlingskrise. Wir müssen uns nur mal vorstellen, wir würden das erste Mal im Leben mit der Automobil-Werbung konfrontiert, worin die Sicherheit, der Fahrspaß, der Komfort und alles Positive angepriesen werden, worauf wir eine unkritische Einstellung zum Automobil entwickeln, da uns alles andere schlichtweg nicht bewusst wird. Erst wenn wir Jahre der Erfahrung hinter uns gebracht haben und das „Auto-Leben“ kennen, wissen wir, dass die Werbung nur scheinheilig agiert und in der Realität das Automobil die Umwelt verpestet, jedes Jahr für die Wartung, die Betriebskosten und für die Versicherung eine Vermögen anfällt und nach über einem Jahrzehnt die ehemalige Hochglanzkarre nur noch ein verlustbringender Schrotthaufen ist, der uns die Haare vom Kopf frisst, weil ständig etwas kaputt geht und die Reparatur zu viel Geld kostet.

In der Refugees-Migranten-Industrie verläuft das Ganze nicht viel anders. Alles ist nur ein Business in dieser Welt und alles hat seine Schattenseiten und ich behaupte, dass die Automobilindustrie dreckiger als die Refugees-Industrie ist und damit meine ich jetzt nicht das Dieselgate von VW, denn Todesopfer waren dadurch nicht zu beklagen. Die Amis sollen sich daher nicht so dick aufblasen, die halten doch insgeheim selbst nichts vom Klimaschutz und traten nie dem Kyoto-Protokoll bei. Abgase sind im Allgemeinen auch weniger gefährlich als das Automobil an sich, denn im Jahr gibt es mehr Todesopfer durch Unfälle im Straßenverkehr als Refugees bei ihrer Schlepper- und Schleuser-Tour ums Leben kommen. Nach einer Schätzung sollen übrigens seit dem Jahr 2000 mindestens 23.000 Refugees (278) bei ihrer Flucht verstorben sein – eine Zahl die verdammt hoch klingt, aber ich setze noch einen drauf! In der EU gab es allein im Jahr 2014 rund 25.700 Verkehrstote (279), was nichts anderes bedeutet, dass es prozentual gesehen bei

Massenfortbewegungen von Menschen scheinbar immer zu Todesfällen kommt.

Aber ein Verkehrstoter ist offensichtlich zehnmal weniger wert als ein toter Flüchtling. Um jeden toten Flüchtling wird in den Medien immer ein mordsmäßiges Geplärre gemacht, dass man denken könnte, dass nach der dramaturgischen Inszenierung des Todes von Lady D in seiner Wichtigkeit gleich der Refugee-Murder-Death-Kill kommt. Warum heult denn keiner über die jährlichen 1,24 Millionen Verkehrstote weltweit (280)? Weil sich daraus kein Kapital schlagen lässt, ganz einfach! Jedes Refugee-Opfer, das medial ausgeschlachtet wird, erhöht dagegen die Aufmerksamkeit in der Bevölkerung, drückt auf die Tränendrüse, und dies erhöht die Chancen für die Migranten-Industrie, mehr Geld zu machen und hilft eventuell den anderen Refugees, leichter in die EU einreisen zu dürfen. Wenn unsere Politiker dann herzerweichend die Grenzen rundum zu 360 Grad öffnen und alle Flüchtlinge direkt mit dem Flugzeug in ihren Heimatländern abholen, um sie nach Germoney einzufliegen, dann wird man noch zur Sicherheit für jeden Refugee vor Reiseantritt die Ausstattung mit einem Fallschirm fordern, sodass sich die Fallschirmhersteller die Hände reiben und Dankesbriefe an das Fallschirm-Lobby-Büro nach Brüssel entsenden. Ich weiß, das klingt jetzt total bescheuert, aber diese Aussage ist weniger abwegig als die Story vom Flüchtling, der sich auf den beschwerlichen Weg nach Deutschland machte, um nur dem Krieg und der Not zu entkommen. Ein toter Refugee berührt mein Herz persönlich genauso stark wie ein Verkehrstoter – würden wir uns alle vorbildlich verhalten, könnten so einige Sterbefälle verhindert werden.

Und wenn unsere Regierung schon zugibt, im Jahr 500.000 neue Bewohner zu benötigen, warum kaufen wir den anderen Staaten nicht einfach die Menschen ab? Das wäre ein sauberer

Menschenhandel auf hohem Niveau, das haben die Europäer früher schon immer getan und sich ganze Söldnerarmeen geleistet und keine dreckige Schleuser- und Schlepper-Kriminalität unterstützt, die unnötig Menschenleben kostet. Wäre das nicht toll, wenn die BRD eine weltweite Ausschreibung macht und sich alle Menschen auf einen Platz in Schland offiziell bewerben könnten? Wir hätten die Daten und Fähigkeiten einer jeden Person vorab erfasst, und wenn mehr Bewerber zur Verfügung stehen, als es freie Plätze gibt, könnten wir uns sogar aussuchen, wen wir nehmen möchte und wen nicht. Damit alles noch einen gutmenschlichen Charakter bekommt, werden Sozialschwache und Behinderte bevorzugt behandelt. Wir sollten den kompletten Refugee-Sektor entkriminalisieren, und wenn wir schon dabei sind, können wir auch gleich alle Drogen legalisieren. Soll die bunte europäische Gesellschaft sich ins Nirwana kiffen und dabei fröhlich werden. Das klingt jetzt alles nach Parodie, aber die reale Satire läuft gerade in Schland auf der politischen Leinwand unter dem Titel „Refugees-Welcome-Bring-Your-Families", in der Klo-Rolle mit „Mama Merkel" und „Volks Verrat", gesponsert durch „Kapital International", in Kooperation mit „Schwach Sinn" und „Fulminant Durchgeknallt". Ich liebe solche Filme und kann gar nicht genug davon bekommen.

Wenn wir diesen Asyl-Irrsinn aber beenden wollen, müssen wir dem Publikum einen neuen Film präsentieren, einen adäquaten Beschäftigungssektor als Ersatz liefern, sonst ist ein Viertel der Deutschen nach der Vorstellung arbeitslos, und die Umverteilungsmaschinerie im bunten Kino der Republik stürzt in sich zusammen. Und wenn die deutsche Regierung die Refugees-Welcome-Kultur nicht bald für gescheitert erklärt, müssen es eben andere für sie tun und sie aus dem Amt jagen. Aber die Regierung unternimmt nichts wirkungsvolles, um diesen Wahnsinn ein Ende zu bereiten. Der Flüchtlingskoordinator Peter Altmaier sprach sogar offen davon, einen geordneten Zustrom der Flüchtlinge zu forcieren (281), statt die Grenzen dicht zu machen. Der Städte- und Gemeindebund forderte sogar weitere Ämter, von der kommunalen Ebene bis zum Bund, explizit für die Flüchtlingsversorgung und Integration, quasi eine „Flüchtlingsverwaltung“ (282) und wenn es tatsächlich so weitergeht, haben wir bald noch ein dauerhaftes Flüchtlings-Ministerium in Schland.

Unsere Regierung will also das geordnete Refugees-Chaos und offenbar kann sich niemand in Berlin vorstellen, dass eine amtierende Regierung in der BRD jemals vor einem Wahltermin durch das Volk in einem Aufruhr aus dem Parlament gejagt wird. In Griechenland passierte auch nichts, das Parlament tagte und alle gingen brav zur Wahl, während den Bürgern durch das Spardiktat der EU-Institutionen das Wasser bis zum Hals stand. Wenn das Volk den Politikern keine Angst einjagt, wird keine Regierung der Welt jemals von ihrem Kurs abweichen. Auf einer Demonstration von rechten Pappnasen wurde allerdings schon ein symbolischer Galgen hochgehalten, an dessen Ende die Politikernamen „Merkel“ und „Gabriel“ baumelten. Aufgeschreckt wie Furien, forderten zahlreiche Politiker, die Ruhestörer im Migrantenstadel sofort vor den Kadi zu zerren, denn dies sei schließlich Volksverhetzung und eine Aufforderung zu Straftaten – die Staatsanwaltschaft ermittelte, es drohen bis zu 5 Jahre Haft (283).

Scheinbar wurde der richtige Nerv getroffen und dennoch besitzt unsere geliebte Demokratie eine Titanic-Moral: Sie handelt stets im Glauben, in der Gunst des Volkes unsinkbar zu sein. Doch die Proteste aus der Bevölkerung sollte eine Regierung auf Dauer nicht ignorieren und wenn die Deutschen nicht überfremdet werden wollen, muss die Politik auch endlich Taten folgen lassen, und dafür sorgen, dass gesetzliche Regelungen wieder eingehalten werden. In der EU dürfen sich nur europäische Bürger ungehindert fortbewegen, der Flüchtling, der hier ohne Ausweispapiere in die EU eindringt und ohne Registrierung umherreist, handelt schlichtweg illegal. Natürlich ist der Mensch an sich nicht illegal, jedoch seine Handlungsweise.

Refugee-Nazis aufs Maul! Alle haben sich an die Regeln zu halten, und es wäre die Aufgabe unserer Regierung, dafür zu sorgen, dass sich auch die Flüchtlinge an unsere Gesetze halten, doch im bunten Schland genießen sie einen ungeheuerlichen Sonderstatus, ansonsten sind wir nämlich die bösen Nazis – na und! Regiert insgeheim die Anarchistische Pogo-Partei Deutschlands, dass es unanständig geworden wäre, in der Demokratie für Recht und Ordnung zu sorgen? Der Refugees-Welcome-Quatsch muss aufhören und zwar jetzt und nicht erst in ein paar Jahren, wenn über 30 Millionen Flüchtlinge durch Familiennachzug und Gebärfreudigkeit in Europa gelandet sind.

Wer keinen Arbeitsplatz nachweisen kann und über keine entsprechende Bildung verfügt, darf nicht willkommen geheißen werden, die Kriminellen dürfen keine Gastfreundschaft genießen, Kriegsflüchtlinge müssten generell vor Ort versorgt werden oder in einem Nachbarland. Und wenn Deutschland dennoch Kriegsflüchtlinge aufnehmen will, dann bitteschön geordnet, ohne den alltäglichen Ablauf in der Republik zu stören und ohne die Einheimischen auf die Straße zu setzen und ohne Hotels und andere Gewerbeobjekte für die Refugees zu verwerten. Die BRD hätte beim Flüchtlingshilfswerk der Vereinten Nationen (UNHCR) vor Ausbruch der Flüchtlingskrise darum bitten können, bereits registriere Kriegs-Flüchtlinge aufzunehmen, doch stattdessen überließ man den kriminellen Schleppern den Menschenhandel.

Unsere Regierung beschönigte das Chaos und verkündete eine realitätsfremde Willkommenskultur, die sogar in Afghanistan die

Runde machte. Und weil dort seit Jahrzehnten ein kriegsähnlicher Zustand herrscht, sahen sich viele der 30 Mio. Einwohner legitimiert, als Flüchtling nach Deutschland zu kommen. Aber dass die Afghanen keine benötigten Fachkräfte darstellen, konnte sich jeder an fünf Fingern abzählen. Das Einzige, was die in Afghanistan wirklich gut können, ist vermutlich nur der Anbau von Drogen für die westliche Welt – fast 90% der Roh-Opiumproduktion stammen aus diesem Land (284). Drogen sind bekanntlich teuer und eigentlich müsste die afghanische Bevölkerung im Geld schwimmen, doch die Drogenbarone beanspruchen das Meiste für sich selbst und unterstützen mit den Geldern die Terrorherrschaft im Land. Die Multi-Milliardäre geben bei uns im Land auch nichts von ihrem Geld ab und fördern nur die Parteien und Medien, die ihre finanzielle Macht noch steigern. Niemand darf sich in dieser Welt als wahrer Edelmann darstellen, dafür ist das kapitalistische System einfach zu korrupt. Es wird sogar gemunkelt, dass die USA und die NATO den Drogenhandel in Afghanistan fördern und in Geschäfte verwickelt sind (285). Aber die Großen bleiben stets im Hintergrund verborgen und lassen die Drecksarbeit von den Kleinen erledigen.

Wie viel Afghanen wohl in die Bredouille gerieten, als Refugees in Deutschland ankamen, hier mit dem Verkauf von Drogen liebäugelten und die Kriminalität ins Land brachten, um die hohen Kosten für die Schlepperdienstleistungen zu begleichen? Über solche und ähnliche Fragen gibt es natürlich kein offizielles Zahlenwerk, doch aus reiner Vorsicht wäre das Gebot der Stunde gekommen, die Grenze in der EU wirkungsvoll gegen Kriminalität und Terror abzusichern. Für was gibt es eigentlich die Europäische Grenzschutzagentur für die operative Zusammenarbeit an den Außengrenzen, kurz Frontex? Kernaufgabe dieser Truppe soll es eigentlich sein, die äußeren Grenzen der EU zu überwachen und zu schützen, aber mit rund 300 Mitarbeitern und einem Budget von 85

Mio. Euro war der Verein im Verhältnis zu den Flüchtlingsmassen wahrlich unterbesetzt.

Selbst die DDR hatte mehr Männer an der Grenze stationiert und das Gebiet war wesentlich kleiner als das der Europäischen Union. Die Europäer müssten die Mittel der Agentur auf das Zehnfache erhöhen, ebenso die Mitarbeiterzahl, um überhaupt annähernd effektiv agieren zu können. Der momentane Grenzschutz ist lachhaft und äußert ineffizient, denn sonst würden nicht so viele Flüchtlinge zu Fuß den Weg hierher finden. Wir müssen die EU wie ein zusammengehöriges Land definieren und dürfen in der Flüchtlingspolitik keine nationalen Alleingänge forcieren, sonst zerbricht Europa an der Flüchtlingskrise.

Der bayrische Ministerpräsident Horst Seehofer forderte aber einst, die Flüchtlinge nach Österreich abzuschieben (286), wo sie herkamen oder die Flüchtlinge in andere Bundesländer zu verfrachten, was die Refugees in Bayern in etwa so beliebt machte wie Atommüll aus dem Kernkraftwerk, und den will bekanntlich auch niemand vor seiner Haustür haben. Das Hin- und Herschieben von Flüchtlingen, wie von vielen Politikern thematisiert, kann in der EU aber nicht die Lösung des Problems sein, es sorgt kurzfristig höchstens für lokale Entlastungen, aber nicht auf Dauer. Wenn es in der bunten Republik so weitergeht und die CSU vor Wut mehr schäumt als das frisch gezapfte Bier aus dem Fass, spaltet sich Bayern vielleicht noch von der BRD ab und ernennt Karl-Theodor zu Guttenberg zum König. Die Bayern sind eben speziell und die CSU noch bei Verstand.

Die Bundeswehr dein Flüchtlingsfreund

Die Bundesregierung ist aber auch nicht blöd und kocht ihr Süppchen nur nach einem anderen Rezept, wie alle anderen Regierungen in Europa auch. Der große europäische Zusammenhalt in der Flüchtlingskrise gibt es nicht und versprochene EU-Gelder zur Finanzierung eines Fonds, woraus die Bekämpfung der Fluchtursachen außerhalb der EU finanziert werden sollte, kommen einfach nicht zusammen (287). Es erweckt den Anschein, als hätte Europa kein echtes Interesse, die Flüchtlingsströme aufzuhalten, jeder Nationalstaat bastelt an einer eigenen Lösung. Es wird viel geredet und versprochen, doch in der Realität kann man nur die Hände über den Kopf zusammenschlagen, wenn man die Ergebnisse sieht.

Im Mittelmeer patrouilliert die Bundeswehr mit dem Auftrag, gegen die Schlepperbanden vorzugehen, um so den Flüchtlingsstrom einzudämmen. Tatsache ist aber, dass die deutsche Armee sich im Mittelmeer genauso benimmt wie beim Einsatz am Hindukusch. Oberste Priorität ist das Zeigen von Präsenz, das ist alles, und die ganze Welt lacht nur noch über die Bundeswehr und das G36-Gewehr, das gerne mal daneben ballerte. Aber das G36-Malheur war nicht so tragisch, in der Realität ergab sich kaum ein Szenario, wobei der Defekt auftrat, denn niemand von der Truppe traute sich noch ernsthaft zu schießen, aus Angst vor einer öffentlichen Diffamierung. Derbe Zeitgenossen würden sich dagegen wünschen, dass die Bundeswehr vollbesetzte Schlepperboote einfach mit Waffengewalt im Mittelmeer versenkt. Diese menschenverachtende Vorgehensweise wäre der gutmenschlichen EU jedoch nicht würdig, wobei das Statuieren eines abschreckenden Exempels vermutlich weitere Flüchtlinge davon abhalten würde, den gefährlichen Seeweg nach Europa zu wählen.

Das beste Mittel gegen eindringende Flüchtlinge wäre aber immer noch, keinerlei Anreize in der EU zu schaffen und die Willkommenskultur sofort zu beenden. Die Bundeswehr fischte stattdessen lieber die Flüchtlinge aus dem Mittelmeer, binnen weniger Monate über 8.000 Personen (288), und brachte sie ans europäische Festland. Die Armee machte sich damit zum Erfüllungsgehilfen der Schlepper und unsere Regierung hatte dieser bescheuerten Vorgehensweise sogar ein Mandat erteilt. Warum bringt die Bundeswehr die Flüchtlinge nicht zurück, von wo aus sie gestartet sind? In Monopoly geht das doch auch, und keiner beschwert sich über die Spielregeln. Gehen Sie zurück auf Los und ziehen Sie kein Startgeld ein! Es widerspricht sich doch, auf der einen Seite die Flüchtlingsströme eindämmen zu wollen und gleichzeitig die Flüchtlinge ans europäische Festland zu eskortieren.

Einmal mehr haben die Flüchtlinge allen Grund dazu, über jedes Militärschiff der Bundeswehr in freudiges Gelächter auszubrechen, denn sobald sie von der Armee entdeckt werden, ist ihnen die Ankunft in Europa sicher. Wenn alle Refugees dann an Bord sind, wird das marode Schlepperschiff zerstört und letztendlich nur die Umwelt verschmutzt. Wie damit nachhaltig die Schlepperkriminalität bekämpft werden soll, bleibt mir ein Rätsel. Kein Schlepper wird sich jemals als solcher zu erkennen geben, die tragen doch keine Mützen, wo „Schlepper" draufsteht und sehen daher wie alle anderen Flüchtlinge aus. Oder sollen sich noch die Geheimdienste dazugesellen, um verdeckt die Schlepper zu engagieren, die später von der Bundeswehr massakriert werden? Wie viel Schlepper wurden von der Bundeswehr bisher überhaupt getötet? Dürfen sie vernichtet werden oder darf nur ein Warnschuss erfolgen, damit der Kriminelle sich in Sicherheit bringen kann, bevor die Armee ihn in Handschellen vor ein europäisches Gericht zerrt. Wenn Hunderte von Schlepper im europäischen Knast einsitzen würden, stünde sowieso der nächste parat und außerdem kostet jeder Häftling mindestens so viel Geld wie ein Flüchtling.

Wo ist da die Logik für die Vorgehensweise der Bundeswehr im Kampf gegen die Schlepper? Das klassische Spiel „Schiffe versenken“ verstehe ich ja noch, aber „Refugees retten und Schlepper bekämpfen“ ist mir dann doch eine Nummer zu hoch. Viele Dinge werden der Öffentlichkeit auch nicht kommuniziert und so erweckte es nur den Eindruck, als würde die Deutsche Bundeswehr die Grenzen schützen, während sie im Alltag als Herumtreiber im Mittelmeer die Steuergelder verschwendete und noch mehr Fremde ins Land holte.

Ich war selbst bei der Bundeswehr und muss sagen, dass die Armee eine beschämende Ausrüstung besitzt, mit teilweisen überalterten und nicht einsatzfähigem Gerät und die Soldaten oftmals an der Sinnhaftigkeit ihrer eigenen Einsätze zweifeln, aber dies in der Öffentlichkeit niemals zugeben würden. Solange der Soldat für seinen Scheiß bezahlt wird, tut der Soldat seinen Dienst und gehorcht blind den Befehlen der Vorgesetzten, so wie alle Polizisten und Beamte auch. Die Bundeswehr besitzt mittlerweile die gleiche abschreckende Wirkung wie die Damgartener Schützengilde 1562 e.V. in Ribnitz-Damgarten. „Wehrmacht“ sich schon mächtig in die Hosen, wenn er an die Bundeswehr denkt? Ein Militär ohne abschreckende Wirkung ist kein Militär und degradiert den Soldaten zum Gespött in Uniform. Die deutsche Armee wird ihrer Rolle als einsatzfähige Kampftruppe damit nur bedingt gerecht, dabei besäße sie ein großes Potential, denn immerhin wird sie mit über 30 Mrd. Euro pro Jahr finanziert, aber ich hege den Verdacht, dass die jährlichen Unkosten der Refugees-Welcome-Kampagne die deutschen Rüstungsausgaben bald weit übersteigen, auch wenn offizielles Zahlenwerk natürlich anderes behauptet.

Es gab ja mal eine Zeit, in der hauten die Deutschen auf den Tisch. Irgendwie vermisse ich diese Attitüde in der heutigen politischen Landschaft. Wirtschaftlich geben wir in Europa zwar den Ton an, doch politisch und militärisch verhalten wir uns äußerst kleinlaut. Eigentlich könnten wir Deutschen wieder jemand sein auf dieser Welt, doch unsere Regierung entwertet uns zu multikulturellen Vollidioten eines internationalen Kapitalismus und macht aus Deutschland einen Wohlfahrtsstaat für jedermann, bis nur noch ein Armenhaus zurückbleibt. Das Gelaber der Kanzlerin ging mir dabei gehörig auf die Nüsse und ich konnte das ewige Geschwätz über das Grundgesetz und das Recht auf Asyl nicht mehr hören, denn ich wusste es besser.

Gesetze und Geschichte

Wer sich wirklich mit dem Grundgesetz beschäftigen will, sollte zunächst zu den Anfängen am 08. September 1948 zurückgehen und sich die Grundsatzrede von Carlo Schmid (SPD) vor dem Parlamentarischen Rat anhören oder nachlesen. Damals war die SPD noch wählbar, und kein Mensch hätte sich zu jener Zeit in seinen schrecklichsten Albträumen eine Invasion von Flüchtlingen aus aller Herren Länder vorstellen können. Freiwillig wäre sowieso keiner gekommen, denn Deutschland lag in Schutt und Asche. Die ausländischen Gastarbeiter kamen erst, als alles wiederaufgebaut war und die Produktion in der Wirtschaft auf Hochtouren lief und es an Arbeitskräften mangelte. Aber kommen wir zurück zur Grundsatzrede, die ich zunächst in Auszügen zitiere und anschließend kurz kommentiere. Zitat: *„Wir haben keinen Staat zu errichten...Wir haben hier etwas zu tun, was uns die Möglichkeit gibt, gewisser Notstände Herr zu werden...auch ein Staatsfragment muss eine Organisation haben...die geeignet ist, den praktischen*

Bedürfnissen der innen Ordnung eines Gebietes gerecht zu werden..."

Fangen wir von hinten an, denn angesichts der Flüchtlinge in der heutigen BRD ist es doch bemerkenswert, aus welchen Gründen das Grundgesetz ursprünglich geschaffen wurde: Um eine innere Ordnung in einem Staatsfragment zu schaffen! Heute führt hingegen die Auslegen des Asylparagraphen des Grundgesetzes zur inneren Unordnung und steht damit dem ursprünglichen Sinn konträr entgegen. Dann ist es noch bemerkenswert, dass West-Deutschland, welches später mit der DDR fusionierte, nur als Fragment bezeichnet wird und in der Tat ist es so, dass die BRD nur ein Teil des Deutschen Reichs nach dem Zweiten Weltkrieg darstellt. Zu meiner Schulzeit wurde in den Atlanten die ehemalige deutsche Staatsgrenze des Reichs noch als gestrichelte Linie in den Gebieten des heutigen Polen angedeutet. Aber keine Angst, liebe Polen, niemand nimmt euch etwas weg. Wenn ihr in die EU eingegliedert werdet, gehört ihr einfach dem 4. Reich an, unter dem Banner der Europäischen Union - dann gehört uns wieder ganz Polen. Bis dahin ist vielleicht auch das Grundgesetz durch eine Verfassung ersetzt worden, denn diese Gesetzgebung wurde nur als eine Art von Notlösung erlassen und bezog sich auf die damaligen Umstände, weshalb ich die moderne Interpretation des Asylrechts für jedermann auf der Welt für grob fahrlässig halte. Damals dachte man wohl eher an die Deutschen, die in Europa durch den Krieg noch quer verstreut irgendwo lebten und der Vertreibung ausgesetzt und vom Tod bedroht waren, so wie meine Eltern.

Übrigens fließt in meinen Adern zum Teil ostdeutsches Blut, was vielleicht meine Gesinnung erklärt, aber ich habe auch indirekt einen Migrationshintergrund. Mein Vater kommt nämlich aus Preußen, was im heutigen Polen liegt, und ist das erfolgreiche Produkt der sexuellen Interaktion innerhalb der konventionellen

Ehe zwischen einem deutschen Mann, die ja damals alle Nazis waren, und einer polnischen Frau, auch bekannt unter Vater und Mutter. Ja, damals heirateten die Frauen noch die Männer, um anschließend viele Kinder zu zeugen – welch widerliche Tradition zur Erhaltung der Nation. Schon die Begriffe „Mutter" und „Vater" sind diskriminierend und müssten eigentlich durch das Wort „Elternteil“ oder kurz „Elter“ ersetzt werden, um die Chancengleichheit in einer pluralistischen Homo-Transgender-Kranken-Gesellschaft zu gewährleisten. Vielleicht wäre meine polnische Oma viel glücklicher geworden, wenn sie sich hätte frei entfalten können, ganz ohne gesellschaftlichen Zwänge der Ehe und fernab einer fest definierten Geschlechterrolle - mein Vater wäre wohl nie in den Krieg hineingeboren worden. Dumm nur, dass er früher in Polen nach dem Kriegsende als dreckiger Deutscher beschimpft und zusammen mit seinen Geschwistern und seiner Mutter in ein Konzentrationslager gesteckt wurde.

Die Polen gingen mit den deutschen Kriegsverlierern nicht zimperlich um. Wer blieb, wurde vom wütenden Mob totgeschlagen oder unter polnischer Verwaltung ins KZ gepfercht, ohne ausreichende Verpflegung. Die jüngste Schwester meines Vaters verhungerte in polnischer Gefangenschaft – da waren es nur noch sieben. Über 10 Millionen Deutsche flüchteten nach dem Ende des Zweiten Weltkriegs aus den Ostgebieten ins restliche Deutschland. Millionen Deutsche verloren bei der Flucht ihr Leben. Jetzt mag einer den Zeigefinger erheben und sagen, dass die Deutschen selbst dran schuld waren, denn schließlich hätten sie ja den Krieg begonnen. Aber die Menschen damals waren für den Krieg genauso verantwortlich, wie die Menschen heute für die Refugees-Katastrophe – die wahre Schuld liegt immer bei der Regierung, die das Volk für ihre Zwecke missbraucht.

Und welche Schuld trifft ein kleines Kind im polnischen Lager am Zweiten Weltkrieg? Gar keine! Mein Vater und seine Geschwister konnten kein Wort Deutsch, die Mutter sprach nur polnisch zu ihren Kindern, weil der deutsche Vater jahrelang während seines Kriegsdienstes verschollen war. Und nur weil eine Polin aufgrund der Hochzeit einen deutschen Nachnamen trug, wurde sie mit samt ihren Kindern ins polnische KZ gesteckt – so groß war der Hass auf die Deutschen. Gott sei Dank wurden sie aber aus dem Lager entlassen, da sich ein Pole namens Stempniewicz bei der Behörde für die Familie einsetzte und auf die polnischen Wurzeln verwies. Darauf begann auch für meinen Vater die Flucht nach Westdeutschland ins Lager Friedland. Flüchtlinge gab es also schon damals in Massen, diese waren aber ganz andere Flüchtlinge als die heutigen und flohen in ihr eigenes Land, zumindest was davon noch übrigblieb und nicht in ein fremdes Land, tausende Kilometer entfernt. Die USA nahmen erst später deutsche Flüchtlinge geordnet auf, wie z.B. meine Verwandten, und dafür können wir ihnen dankbar sein, ebenso für die wirtschaftliche Unterstützung nach dem Zweiten Weltkrieg. Aber das, was heute die USA abziehen, die Welt auf den Kopf zu stellen und Deutschland dabei über die Klinge springen zu lassen, geht mir zu weit.

Aber kommen wir zurück zum Grundgesetz, das wurde nämlich aus gänzlich anderen Motivationsgründen geschaffen, als uns heute erzählt wird. Es sollte in erster Linie nämlich dem deutschen Volk dienen und nicht als Matrize für Wohlstands-Schmarotzer aus aller Welt. Nach dem Kriegsende kam es nicht selten vor, dass die Deutschen im Ausland politisch verfolgt und inhaftiert wurden. Heute wäre eine Revision des Grundgesetzes überfällig, beziehungsweise seine Abschaffung. An deren Stelle sollte eine Verfassung treten. Merkwürdig ist zudem, dass das Grundrecht auf Asyl von der heutigen Regierung nach ihrem Interesse und zu

Gunsten einer Masseneinwanderung ausgelegt wird, während andere Paragraphen mit dem Strafgesetzbuch korrelieren und damit zum Teil beschnitten werden.

Laut dem Grundgesetz haben wir nach Artikel 5 auch alle das Recht auf eine freie Meinungsäußerung in Wort, Schrift und Bild, aber wehe jemand sagt etwas gegen die aktuelle Flüchtlingspolitik oder Ausländer, dann drohen bis zu 5 Jahre Haft. Im Grundgesetz steht auch, dass keine Zensur stattfindet, doch darüber kann ich nur schmunzeln. Wenn ich durch das Internet streife und mir unter den Berichten zur Flüchtlingskrise die Kommentare anschaue, fällt mir auf, dass viele Leser offenkundig eine gegenteilige Sichtweise vertreten und das massenweise kritische Kommentare einfach gelöscht werden, weil sie nicht in das gutmenschliche Meinungsbild passen. Bei besonders heiklen Themen wird die Kommentarfunktion häufig ganz deaktiviert.

Die Politiker schreien inzwischen regelrecht danach, endlich den Leuten auf Facebook das Maul zu verbieten. Sogenannte Hasskommentare sollen schnellstmöglich gelöscht werden (289). Aber was soll das? Manche Menschen hassen sogar ihre Eltern, andere ihren Ex-Ehepartner und es ist das gute Recht, dass ich als Mensch hassen darf, wen ich will, solange ich niemanden tätlich angreife oder zu Gewalt aufrufe. Aber unsere Regierung hat extra eine Gesetzesänderung beschlossen, wonach rassistische, fremdenfeindliche oder sonstige menschenverachtende Äußerungen härter bestraft werden sollen wie zuvor (290). Das wäre dann die Vorstufe zum spanischen Maulkorbgesetz, doch einige Gesetze erweisen sich im Nachhinein oftmals nur als eine teure Variante des Klopapiers. In der BRD stellte der §175 des Strafgesetzbuches bis zum Jahr 1994 die homosexuellen Handlungen zwischen Männern unter Strafe. Heute wird das Schwulsein schon zur Einstellungsvoraussetzung für einen begehrten Moderationsjob im Fernsehen und kann hilfreich beim Besteigen der politischen Leiter sein. Migranten, Homosexuelle, Weibsbilder und Doktoren stehen im heutigen Zeitgeist der bunten Republik hoch im Kurs. Die Zeiten ändern sich, und einige Gesetzte sind dann nur noch dafür da, irgendwann gebrochen zu werden, weil sie nicht mehr dem Zeitgeist entsprechen.

Unsere Regierung macht in der Flüchtlingskrise die ganze Zeit übrigens nichts anderes. Ich könnte jetzt unzählige Gesetzesverstößen aufzeigen und alles anhand von Paragraphen belegen und erläutern, doch dies würde das Ausmaß der Seiten sprengen. Der Inhalt wäre rein formal und eher ein langweiliges Thema für promovierende Anwälte. Außerdem nützt es wenig, alle Verstöße der Regierung aufzuzeigen, solange das Volk keine Anklage erhebt. So etwas ginge ohnehin nicht über den Weg der Gerichte, sondern nur in der Form einer Massendemonstration vor dem Deutschen Bundestag. Welcher Richter urteilt schon gegen seinen Arbeitgeber, obwohl es erwiesen ist, dass Verstöße vorliegen? Noch will jeder das Märchen vom Grundrecht auf Asyl glauben, wenn wir es aber genau nehmen, dürften politisch Verfolgte laut Artikel 16a Absatz 2 GG kein Asylrecht genießen, wenn sie aus einem Mitgliedstaat der Europäischen Gemeinschaft oder aus einem sicheren Drittstaat einreisen. Doch Hunderttausende haben genau das getan und unsere Regierung tut so, als wäre alles in bester Ordnung, dabei fliegt in Deutschland gerade der Laden um die Ohren.

Europa hat auch noch andere Probleme

Im September 2015 kamen pro Tag bis zu 10.000 Flüchtlinge (291) in die bunte Republik – bei diesen Zahlenwerten müssten wir eigentlich von einer Invasion sprechen, doch die Politik verharmloste das wahre Ausmaß der Katastrophe, schwafelte immer davon, dass Menschen unsere Hilfe brauchen, und jede Woche fiel eine weitere Menschenhorde in der Größenordnung einer Großstadt in Deutschland ein. Es fällt wahrlich schwer, sich diese Dimensionen überhaupt vorzustellen – in einem Monat kamen teilweise so viele Flüchtlinge, dass für deren Unterbringung eine Stadt wie Mannheim hätte gebaut werden müssen. Doch dies passierte nicht, und so hausten die meisten Flüchtlinge in Containern, Baumärkten, Lagerhallen, Schulen oder sonstigen Notunterkünften, was bei den Refugees für Unmut sorgte und das Gewaltpotential erhöhte, denn wer 20.000 Euro für die All Inclusive Reise nach Germoney ausgab, erwartet entsprechenden Komfort und kein Feldbett ohne Privatsphäre in einer Zelt-Behausung mit Dixi-Klo.

Im Prinzip war Deutschland im Herbst 2015 mit der Flüchtlingsmasse total überlastet, und unsere Regierung aus Türken-SPD und Merkel-CDU sah immer noch keine Notwendigkeit, eine Obergrenze für die Aufnahme von Flüchtlingen zu verhängen. Stattdessen wurden Argumente serviert, dass wir in Deutschland in Relation zur Bevölkerung prozentual weniger Flüchtlinge aufnehmen als die Türkei. Die Deutschen puderten dafür jedem Flüchtling den Arsch mit einer Rundumversorgung, wogegen sich die Syrer in der Türkei wie Bettler und Knechte durchs Leben schlugen. Bei uns müssen alle Flüchtlinge immer bestmöglich umsorgt sein und die Deutschen kümmern sich bis zur Selbstaufgabe um jeden Fremdling. So etwas Vergleichbares gibt es in der Türkei nicht. Die Türkei-BRD-Refugee-Vergleiche sind daher wenig haltbar.

Doch lange kann die Rundumversorgung in Schland nicht mehr gut gehen und es wird an der Zeit, dass eine europäische Asylpolitik schnellstmöglich etabliert wird, damit in allen Ländern der EU die gleichen Bedingungen herrschen und sich die Flüchtlinge nicht massenweise nur in jene Staaten begeben, die ihnen persönlich den höchsten Wohlstandfaktor versprechen. Die EU muss schnell handeln, so wie bei der Eurokrise, und genau dies ist das Problem. Wurden im Zuge der Banken- und Eurokrise Hunderte Milliarden Euro binnen kurzer Zeit umverteilt, garantiert oder zugesprochen, hält sich Brüssel mit seinem sozialen Engagement vornehm zurück und sieht die Flüchtlinge nicht als Bedrohung für das System. Die europäischen Institutionen knebeln sogar die einfachen Menschen, fordern radikale Einschnitte für die Gesellschaft und Steuererhöhungen auf breiter Front, wie bei der Geldvergabe an Griechenland.

An dieser Stelle sollten wir uns fragen, was mit einem 500 Mrd. Euro schweren Bankenrettungsprogramm möglich wäre, wenn man für 10 Mrd. Euro schon 500.000 Flüchtlinge versorgen kann? Ebenso pumpt die Europäische Zentralbank jeden Monat über 80 Mrd. Euro in die Märkte und kauft Staatsanleihen und sonstige Wertpapiere auf, was momentan das Geldsystem am Leben erhält, aber langfristig für eine steigende Inflation sorgen wird, welche der Bevölkerung noch das letzte Geldvermögen raubt.

Unsere Zentralbank finanziert indirekt die Staatshaushalte, schmeißt den Banken die Milliarden hinterher und ich sehe absolut kein Problem darin, zur Finanzierung der Flüchtlingskrise eine Refugee-Anleihe im Volumen von 80 Mrd. Euro zum Negativzins zu emittieren – einmalig versteht sich, und die EZB kauft diesen Ramsch! Wenn die EU schon das Scheunentor aufmacht und alle Refugees hineinlässt, soll sie auch die monetäre Schleuse öffnen und für eine ordentliche Finanzierung der Flüchtlinge sorgen. Warum werden solche Dinge nicht in Brüssel diskutiert? Aber darüber sollten wir uns eigentlich keine weiteren Gedanken machen, denn die EU ist eine Hure des Großkapitals, ein Hort von Lobbyisten-Drecksvereinen, eine Ausgeburt der Hölle, ein Kind der Neuen-Welt-Ordnung, und die im Parlament interessieren sich in Wirklichkeit einen Dreck für das Schicksal der Menschen.

In vielen Mitgliedsstaaten der EU wurden bereits Spar-Diktate verhängt und dabei die Bevölkerung an die kurze Leine gelegt und wirtschaftlich sieht es besonders in den südlichen Regionen Europas nach wie vor düster aus. Europa hat genug eigene Probleme, die gelöst werden müssen, und die Refugees werden uns dabei kaum behilflich sein, im Gegenteil, sie erfordern großes Engagement und Aufmerksamkeit, stören überall den geregelten Ablauf in Europa, insbesondere in Grenzregionen.

Zwischen Frankreich und England stürmten zum Beispiel schon mehrere hundert Flüchtlinge den Eurotunnel und brachten damit den Zugverkehr zum Erliegen (292) und es wirkte so, als würden die Refugees sich wie Invasoren aufführen, um mit aller Gewalt ihr Zielland zu erreichen. Die Flüchtlinge attackierten in ihrer Not sogar die LKW-Fahrer, die sich daraufhin aus Angst weigerten, noch Touren nach England zu fahren (293).

Überall in Europa gerieten die Refugees in Konflikte und waren zum Teil sogar der Auslöser. Die Schuldigen sitzen aber in der Regierung, da zu vielen Flüchtlingen der Einlass gewährt wurde, obwohl eine ordentliche Versorgung kaum noch zu bewältigen war, was zwangsläufig zu Reibereien führte. Ein weiteres Problem war auch die Zusammensetzung der Flüchtlingsmasse. Die meisten Flüchtlinge waren testosterongesteuerte Muselmanen. Bei den 18- bis 25-Jährigen lag der männliche Anteil bei 80% (294). Die jungen Männer wurden schlichtweg von ihren Familien als Vorhut geschickt, um in Europa Fuß zu fassen und um die anderen nachzuholen. Fast niemand kam aus echter Not. Laut Befragungen des Bundesamts für Migration und Flüchtlinge gaben 62 Prozent der syrischen Flüchtlinge an, in ihren Heimatländern in guten durchschnittlichen Verhältnissen gelebt zu haben.

Diese Statistik widerlegte das Märchen vom armen Flüchtling, und dennoch wurde es immer wieder als Argument angeführt, um die Einwanderung durch Erweckung von Mitleid zu rechtfertigen. Aber was sollen wir in Europa mit den vielen jungen Männern anfangen? Sie sabbern unseren Frauen hinterher und denken eher an das Bumsen statt ans Buckeln. Außerdem herrscht in Europa besonders im Süden eine prekäre Beschäftigungssituation unter den jungen Menschen, was die Situation auf dem europäischen Arbeitsmarkt insgesamt verschärft. In allen EU-Staaten liegt die Jugendarbeitslosigkeit im zweistelligen Prozentbereich, in Spanien, Griechenland, Kroatien und Italien sind es über 40 Prozent, mit der Ausnahme von Deutschland, dort waren es bislang nur 7 Prozent. Durch den Flüchtlingszustrom nach Deutschland werden sich die Arbeitslosenzahlen in Europa harmonisieren, und wir haben bald auch eine zweistellige Jugendarbeitslosenquote vorzuweisen. Dann gibt es zur Verschönerung der Statistik für dahergelaufene Fachkräfte aus Absurdistan, Machtnixtan, Weissnixtan und Kannixtan einen sinnlosen 1-Euro-Job, und fertig ist das nächste Beschäftigungswunder.

Wäre es da nicht eher angebracht, die jungen arbeitslosen Menschen aus dem südlichen Europa nach Deutschland zu holen, um ihnen eine Jobperspektive zu geben? Die jungen Europäer sind im Schnitt viel besser ausgebildet als die dahergelaufenen Mohammedaner, die nur „Merkel“ buchstabieren und das Taschengeld in Euro zählen können. Ein Arbeitsprogramm von Europäern für Europäer wäre allemal besser als dieser Refugees-Welcome-Quatsch zur aberwitzigen Fachkräftegewinnung. Wir haben genug Arbeitspotential in der EU und brauchen keine

Flüchtlinge. Die meisten Europäer sind zudem christlich geprägt, können sich benehmen, sind nicht sehr auffällig und benötigen keine Unsummen für ihre Integration. Früher, als die Marios und Luigis nach Deutschland kamen und den Deutschen die Pizza erklärten, gab es auch keine idiotische Migrationspolitik wie heute. Die ersten europäischen Gastarbeiter bemühten sich einfach, in der deutschen Gesellschaft ihren Platz zu finden. Aber kaum dominierte der integrationsunwillige Moslem unter den Ausländern, machten sich die Deutschen für die islamischen Migranten zum Dhimmi - zum Lakaien der Mohammedaner.

Es ist eine Schande, dass unsere Regierung sich gegenüber den muselmanischen Fremden so demütig verhält und unter den christlichen Europäern keine gelebte Solidarität existiert. Zuerst müssten unsere europäischen Arbeitslosen von der Straße geholt werden. Warum kommen nicht 500.000 Spanier und 500.000 Griechen nach Deutschland und fordern Asyl? Ich denke, sie sollten es einfach tun und lauthals auf ihre Zustände aufmerksam machen. Aber vielleicht müssen die verzweifelten Süd-Europäer erst einen brutalen Bürgerkrieg anzetteln, um in Deutschland eine Beachtung als Kriegs-Flüchtling zu finden. Die Politik in Europa stiehlt der europäischen Jugend ihre Zukunft.

Katastrophe oder Kleinigkeit

Und wo wir gerade beim Stehlen sind, auch dabei gab es natürlich Ausnahmen für Flüchtlinge. Es kursierten Gerüchte, worin behauptet wurde, dass Asylanten im Supermarkt klauen dürfen, das Amt die Rechnung dafür zahlt und Geschäftsführer aus Angst vor negativer Presse keine Anzeige machen (295). Persönlich kam mir so einiges zu Ohren, doch nicht alles war nachweislich belegbar.

Vereinzelt existieren dennoch handfeste Beweise, wonach es sehr wohl zu Tumulten mit Flüchtlingen in einem Supermarkt kam. In Calden musste z.B. ein Marktbetreiber extra Sicherheitspersonal einstellen, da bis zu 20 Refugees auf einmal den Laden stürmten, dabei Verpackungen aufrissen und den Inhalt plünderten (296). Wenn der Supermarkt schon bereit war, Geld für Security-Personal auszugeben, müssen die Zustände wahrlich unzumutbar gewesen sein. Über 3.840 Likes hießen auf Facebook trotzdem die Flüchtlinge in dem SPD-regierten Ort willkommen, aber man munkelt, dass es früher mehr Likes waren. In Facebook finden sich zahlreiche Geschichten über Flüchtlinge im Supermarkt, doch als verlässliche Quelle ist das soziale Netzwerk weniger geeignet, und manches klingt so hanebüchen, dass vielleicht etwas Wahres dran ist.

In einem Fall aus Karlsruhe berichtete sogar die Presse darüber: Flüchtlinge entwendeten durch Trickdiebstahl den Rucksack eines Mannes, worin sich ein Macbook und ein iPhone befand (297). Das Opfer ging zur zuständigen Bundespolizei und schilderte die Straftat. Zum Glück verfügte das iPhone über eine Ortungsfunktion und die Polizei nahm die Fährte auf. Als sich jedoch herausstellte, dass die Spur in einer Wieslocher Flüchtlingsunterkunft in den Auwiesen endete, weigerten sich zunächst die Ordnungshüter dieser Sache nachzugehen. Lapidar hieß es nur: *„Das ist eine Flüchtlingsunterkunft, da können wir nichts machen“* und *„Da gehen wir nicht rein, so große Flüchtlingsunterkünfte sind für uns rechtsfreier Raum“*. Solche Geschehnisse sind zwar unerhört, dennoch dürfen wir dies nicht als Anlass nehmen, mutwillig böse Gerüchte über Flüchtlinge zu streuen, denn schließlich brauchen sie unsere Hilfe und je dunkler die Hautpigmentierung eines Refugees ausfällt, desto glaubwürdiger erscheint seine Bedürftigkeit.

Das Schicksal eines Flüchtlings aus Afrika verkauft sich dabei besonders gut, fast tausendmal besser als das Schicksal eines

Europäers. Die Albaner und Serben juckte das trotzdem nicht, sie kamen nach Deutschland und wollten genau das, was jeder Syrer hier erwarten durfte - eine bessere Zukunft. Die Regierung erklärte aber kurzerhand im neuen Asylgesetz (297) die Balkan-Staaten zu sicheren Herkunftsländern, damit jene Europäer leichter abgeschoben werden konnten. Wer aus dem Balkan nach Deutschland will, muss seitdem einen Arbeits- oder Ausbildungsvertrag vorweisen.

Komisch, gegenüber der europäischen Bevölkerung sind wir streng, zumindest formal auf dem Papier, was in der Realität nichts heißen muss, doch bei den Refugees aus Afrika und dem Nahen Osten zeigen wir uns herzerweichend, nur weil dort irgendwo Krieg herrschen soll. Dabei wird gerne so getan, als würden ständig die Bomben vom Himmel fallen und kein Stein mehr auf dem anderen stehen, doch in Syrien saßen auch Leute ganz normal am Tisch, merkten nicht viel vom Krieg, schlürften genüsslich ihren gesüßten Tee und überlegten seelenruhig, ob sich ein Trip nach Deutschland lohnen würde. Der höhere Lebensstandard in Deutschland ist nun mal verlockend.

Statt in entferne Länder zu fliehen, sollten die Menschen lieber in ihrer Heimat für bessere Lebensbedingungen kämpfen und dabei korrupte Diktatoren oder Regierungen aus dem Amt jagen. Die westlichen Regierungen unterstützen dagegen viele Unrechtsregime mit Waffenlieferungen, weshalb es in manchen Regionen auf der Welt nur noch Aggression und Elend gibt. Im tiefsten Afrika läuft der Buschmann mit dem Maschinengewehr umher und ballert jedem einen vor den Latz, der ihm dumm kommt und halb Afrika überlegt sich, ob sich der Gang nach Europa lohnen würde. Ständig ziehen im Nahen Osten terroristische Vereinigungen plündernd durchs Land, vergewaltigen Kinder und halten sich Frauen als Sklaven, malträtieren alle Andersdenkenden und wir tun nichts dagegen, außer jeden willkommen zu heißen, der vor diesen Zuständen auf der Flucht ist und den Weg zu uns findet. Ist das nicht ein bisschen naiv und viel zu kurz gedacht?

Eigenartiger Weise scheint es aber so zu sein, dass die Flüchtlinge nicht nur aus diesen Milieus abhauen, sondern diese in ähnlicher Form in Deutschland in den Flüchtlingsunterkünften ebenfalls etablieren und vermutlich auch später auf Deutschlands Straßen. In einem TV-Interview warnte der Chef der deutschen Polizeigewerkschaft Rainer Wendt bereits im Oktober 2015 vor den Zuständen in den Asylunterkünften (298), in denen teilweise der Teufel los sei, die Polizei überfordert ist, die Flüchtlinge respektlos sind und weiter sprach er über Vergewaltigungen von Frauen und Kindern, kriminellen Handlungen im Sinne der Ausbeutung und Versklavung, sowie von Verteilungs- und Dominanzkämpfen. Herr Wendt kritisierte damals, dass der Staat kaum reagierte und die Flüchtlinge tun und lassen konnten, was sie wollten, und das es die Aufgabe der Justiz und der Politik sei, zur Ordnung aufzurufen, um den Menschen klar zu machen, dass hier nicht die Scharia gelte, sondern das deutsche Strafgesetz und das wir bereit sein müssten, dieses auch durchzusetzen. In letzter Konsequenz forderte er gar, dass wer vom Verfolgten zum Verfolger wird, aus dem Verkehr gezogen werden müsse, und dafür solle man die Abschiebehaftanstalten wiedereröffnen. Er betonte noch einmal, dass hier deutsche Gesetze gelten, die durchgesetzt werden müssten und wer dagegen verstoße, solle nur einen Anspruch auf Freiheitsentzug und anschließende Abschiebung haben.

Irgendwie hörten sich diese Dinge im Herbst 2015 so an, als wären Teile der IS-Terrororganisation in den deutschen Flüchtlingsbehausungen untergetaucht und würden für mächtigen Ärger sorgen. Dabei sollen es ganz normale Flüchtlinge gewesen sein, die Traumatisierten, die Hilfsbedürftigen, die sich einfach nicht benehmen konnten. Zur gleichen Zeit rief der Main-Taunus-Kreis zum ersten Mal seit 1945 aufgrund der Flüchtlinge den Katastrophenfall aus (299), natürlich nur aus rein formalen Gründen, um schneller Entscheidungen treffen zu können, weshalb es keinen Grund zur Sorge gab. Aber was wäre, wenn in Deutschland ein echter Notfall eintritt? Ein islamistischer Anschlag auf ein Atomkraftwerk könnte zur Katastrophe führen und Teile der Bevölkerung müssten evakuiert werden. Hätte Deutschland mitten in der Flüchtlingskrise noch ausreichend Kraft um eine unvorhersehbare Katastrophe zu bewältigen? Die allumsorgende Flüchtlingspolitik bindet doch unsere Ressourcen in Deutschland, was die passiven Sicherheitsreserven in unserem Land bedroht, denn wir hätten keine Kapazitäten mehr frei, um eintretende Notfälle richtig zu handhaben. Egal, wir schaffen das, man muss dieses Mantra nur gebetsmühlenartig wiederholen! „Wir schaffen das."

We are one (Wir sind das Volk)

Aber wer sind wir? Bin ich nicht ich? Sind Du und Ich das Wir, auch wenn wir eine andere Meinung haben? Ich nehme es gleich vorweg: Im Text wird es jetzt philosophischer, weshalb auf Verweise diesmal verzichtet wird, denn der Inhalt ist glaubwürdiger als die politischen Auswüchse der Asylpolitik. Ich muss selbst gestehen, ich hätte es für ein Märchen gehalten, dass Flüchtlinge in Deutschland kostenlos mit Bus und Bahn fahren dürfen (300) und die Polizei nichts dagegen unternimmt. Demnächst gibt es vielleicht eine Ausnahmegenehmigung, dass Flüchtlinge ohne Führerschein ein Auto fahren dürfen. Wie absurd soll das Ganze eigentlich noch werden?

In den USA haben illegale Einwanderer wenigstens Angst vor der Ordnungsmacht und müssen befürchten, zurück geschickt zu werden, in der Blödel-Republik setzten die Schleuser hingegen die Flüchtlinge einfach auf der Autobahn aus (301) und die Ohnmachts-Kräfte brachten die Illegalen in eine Erstaufnahmeeinrichtung ohne Balkon, allerdings mit Aussicht auf ein besseres Leben. Ups, da waren ja schon wieder die Verweise, aber das Grundrecht auf Quellenangaben kennt wie das Asylrecht keine Obergrenze, genauso wie die Ignoranz der Menschen, weshalb ich die Kapitelüberschrift nun erklären und in Anführungszeichen setzen muss, die da heißt: „Wir sind eins“ oder sinngemäß „Wir sind das Volk“.

Es gibt nämlich immer noch Subjekte in Schland, die die Unverschämtheit besitzen, sich ohne Englisch-Skills durch den deutschen Sale-Alltag zu mogeln. Denglisch und Kanacksprach sollten endlich zum Pflichtfach in den Verdummungseinrichtungen dieser Republik werden, damit jeder die zukünftige Sprache in unserem Land auch versteht. Doch kommen wir zurück zu meiner geistreichen Kapitel-Überschrift, womit ich zum Ausdruck bringen möchte, dass wir alle in einem Boot sitzen, eine Menschheit, auf einem Globus, in einer Galaxie, unter Milliarden von Galaxien. Aus dieser kosmischen Sichtweise heraus wären wir dann wiederum ein Garnichts, weniger wert als ein Staubkorn in der Wüste Sahara. Die Erde ist im kosmischen Maßstab so unbedeutend, es würde wohl niemanden da draußen im intergalaktischen Kreis der außerirdischen Hochkulturen interessieren, wenn wir unseren Planeten mit 100.000 Atomsprengköpfen in die Luft jagen oder für alle Zeiten unbewohnbar machen – eine verkommene Menschheit wäre deren eh nicht würdig.

Kommt es nicht zum Atomkrieg, würde ich die Zeit bis zur Zerstörung der organischen Nutz-Strukturen, sprich unserer Umwelt, auf etwa 150 Jahre schätzen, dann gibt es wirklich keinen Regenwald mehr und kein sauberes Trinkwasser. Dafür vagabundieren dann auf der rotgrünen Kugel, die einmal blau war, über 33 Mrd. bunte Menschen mit einem Durchschnitts-IQ von unter 60, die eine süße rote Flüssigkeit schlürfen und sich mit grünen Chips ernähren, denn Obst und Gemüse, das ausschließlich in den Reinheitslaboren der Hightech-Industrie wächst, gibt es nur noch für die obersten Zehntausend. Aber alle eint der Glaube an die weibliche Gottheit Merkel, bekannt aus den Heldensagen des Vierten Reichs und Glücksbringerin der Flüchtigranten. Wer nicht gerade betet oder das kortikale Interface einschaltet, welches Fernsehen, Computer, Telefon und Internet direkt mit dem Gehirn verschmilzt, kratzt sich ansonsten nach dem langen Sitzen nur noch den Hintern, weil keiner mehr etwas zu tun hat. Anfallende Arbeiten erledigen die Roboter, die nun so intelligent geworden sind, dass sie eine gesellschaftliche Teilhabe fordern und das Wahlrecht, weiblich, männlich, transgender oder neutral sein zu dürfen – arbeiten wie die Bescheuerten müssen sie aber trotzdem.

Zugegeben, dies klingt jetzt alles ein bisschen verrückt, und dennoch ist einiges davon realitätsnaher als das merkelsche Mantra „Wir schaffen das“. Wie die Zukunft wirklich aussieht, wissen wir natürlich nicht, jedoch lassen sich aus unseren bisherigen Erkenntnissen viele Zukunftsprojektionen aufspannen. Die Zukunft entsteht immer aus der Vergangenheit heraus. Alles, was gestern geschah, sowie alles, was heute geschieht, ist von elementarer Bedeutung. In Bezug auf die Flüchtlinge müssen wir uns mögliche Szenarien ausmalen und mit den eigenen Wunschvorstellungen vergleichen. Wir sollten uns fragen: Ist es das, was wir wirklich wollen? Wollen wir die ungebremste Zuwanderung und die Vernichtung nationaler Völker? Wollen wir die Zerstörung der nationalstaatlichen Strukturen und den Aufbau einer Weltregierung? Wollen wir wenige Superreiche, die die Welt regieren und 99,9 Prozent vielfältige Menschen, die alle gleich arm sind? Wollen wir das ungebremste Wachstum der menschlichen Bevölkerung und der Wirtschaft, bis das Öko-System vollständig kollabiert? Wollen wir einen europäischen Superstaat, schrecklicher als der Nationalsozialismus und Kommunismus jemals waren?

Diese „Wir-Sätze“, ob von der Kanzlerin oder sonstigen Personen, vermitteln oftmals ein Gedankengut, das nicht zwangsläufig mit dem eigenen Empfinden übereinstimmen muss, weshalb es ratsam erscheint, in der Flüchtlingsdebatte sich auf das „Ich“ zu konzentrieren. Doch dazu müssen wir erst zu unserem wahrhaftigen Inneren zurückfinden, das Fernsehen abschalten, kein Radio mehr hören, keine Nachrichten oder Bücher mehr lesen und alles vergessen, was wir in unserem bisherigen Leben gelernt haben. Übrig bliebe nur der Kern des Menschen, im Wesentlichen dem Tier ähnlich, das sich ausschließlich auf seine Instinkte verlässt, und alles Fremde scheut, sogar eine Bedrohung darin sieht. Insofern ist der Vorbehalt gegenüber den Flüchtlingen eine natürliche

Abwehrreaktion unseres Organismus, tief verwurzelt in den Genen. Alle Menschen empfinden ähnlich, sofern sie nicht durch eine Erziehung oder den gesellschaftlichen Zwang vom natürlichen Verhalten entfremdet wurden.

Schon in der Kindheit trimmt man uns auf eine gesellschaftliche Norm, eine unsichtbare Zwangsjacke, welche die freie Entfaltung behindert, aber gleichzeitig das friedliche Zusammenleben mit vielen Mitmenschen garantiert. Wir reißen nicht einfach Verpackungen im Supermarkt auf und fressen den Inhalt leer, sondern bringen die Ware zur Kasse und bezahlen diese. Wir zeigen bei der Einreise in ein fremdes Land bei Verlangen unseren Pass vor und stürmen nicht einfach über die Grenzen. Alles, was uns normal vorkommt, ist über viele Jahre antrainiert und erlernt, während das natürliche Verhalten immer wieder unterdrückt wurde. Kleinkinder glotzen zum Beispiel gerne andere Menschen an und stecken alles in den Mund, was ihnen vor die Nase kommt. Die erziehungsberechtigte Person maßregelt dann sehr oft jenes Verhalten und es heißt „Pfui“ oder „Das macht man nicht“, notfalls werden sogar Strafen angedroht oder vollzogen. Auf der staatlichen Ebene läuft diese Erziehung nicht anders ab. Solange wir uns normgerecht gegenüber der Regierung verhalten, lässt man uns gewähren, doch sobald wir aufmucken, gibt es eins auf den Deckel. Diese Prinzipien finden sich in allen Staatsformen dieser Erde wieder und in vielen Ländern herrscht eine weitaus strengere Ordnung und brutalere Bestrafung als bei uns. Jeder islamische Flüchtling, der hierherkommt und etwas von der Scharia gehört hat, weiß bestens darüber Bescheid, dass man sich streng an die Regeln halten muss, sonst ist der Arm ab oder gleich der ganze Kopf.

Korruption und Dummheit

Ob Diebstahl, Vandalismus, Widerstand gegen die Staatsgewalt, viele Vergehen werden in nahezu allen Kulturen ähnlich geahndet, wobei nur das Strafmaß variiert. Unsere Regierung behandelte die Flüchtlinge aber so, als kämen sie von einem anderen Stern und hätten noch nie etwas von Recht und Ordnung gehört, weshalb man ihnen im besten Irrglauben einen Welpenschutz einräumte. Wenn wir eine Menschheit sind, dann müssen wir auch alle gleichbehandelt werden. Diese Refugee-Sonderbehandlung stößt wie eine ranzige Sucuk-Wurst übel auf und ist total unangebracht, da es sich bei Flüchtlingen nicht um minderbemittelte Personen handelt, sondern meistens um Muslime - die wissen genau, was sie tun. Unter diesem Aspekt ist es sogar gefährlich, sich gegenüber muslimischen Eindringlingen unterwürfig zu verhalten, denn diese könnten davon ausgehen, dass wir Deutsche uns als unterwürfige Kuffar (Ungläubige) zu verstehen geben. Wer wirklich etwas über den Islam und dessen Anhänger wissen möchte, sollte einen Blick in den Koran werfen und sich die Fatwa ansehen, eine Art von islamischer Rechtsberatung. Zusammenfassend würde man zwangsläufig zur Erkenntnis gelangen, dass Andersgläubige oder Nichtgläubige in den Augen eines strenggläubigen Muslim keineswegs als gleichwertig angesehen werden, was wiederum bedeutet, dass radikal-islamische Elemente besonders kompatibel zur westlichen Werte-Zerfalls-Gemeinschaft sind. Unsere Regierung handelt nämlich nach dem Motto: „Was nicht passt, wird passend gemacht", und zwängt uns dabei die islamischen Rieten und Gebräuche auf, die es in der bunten Republik zu tolerieren gilt, während wir unsere Identität verleugnen sollen. Unweigerlich stellt der Staat dabei die bisherige Normvorstellung auf den Kopf. Bereits in den Kitas beginnt eine staatlich indoktriniere Umerziehung, die Schulen, Universitäten und Medien geben den Rest dazu, und das

Resultat davon sehen wir heute – ein durchgeknallter Migrantenstadel mit Mama-Genozid in der Kanzel.

Viele Leute fragen sich, warum unsere Regierung so viele Ausländer ins Land holt und lassen sich mit den offiziellen Erklärungen immer noch abspeisen, dass es eine wirtschaftliche Notwendigkeit sei und die Wirtschaft letztendlich für unseren Wohlstand sorgt. In den 60er Jahren mochte vielleicht noch jeder Hornochse das Märchen vom Gastarbeiter glauben, der auszog, um den Deutschen das Leben zu versüßen, doch mittlerweile dürfte jedem klargeworden sein, dass dies totaler Quatsch mit Refugee-Soße ist. Wer 38 Stunden oder mehr pro Woche buckelt und 70% vom Lohn über direkte und indirekte Steuern abdrückt, lebt nicht im Wohlstand, sondern in der Ausbeutung. Keine Regierung der Welt interessierte sich jemals für den breiten Wohlstand in der Gesellschaft, und das ist heute nicht anders. Und nur weil die Merkel weiß ist und deutsch ausschaut, setzt sie sich genauso wenig für die Deutschen ein, wie der dunkelhäutige US-Präsident Obama für die Schwarzen. In Simbabwe regierte der Schwarzafrikaner Robert Mugabe als Diktator sein Land in den Ruin, wobei er das Volk zu Milliardären machte. Leider war die Landeswährung durch die Hyperinflation wertlos. Der Diktator war aber so schlau, seine Milliarden in US-Dollar zu bunkern, während mehr als zwei Millionen Einwohner im Land von der Hungersnot bedroht waren. Der Gutmensch in Schland würde diese 2 Millionen Schwarzafrikaner natürlich gerne als Flüchtlinge begrüßen, weil sie so schön bunt und hilfsbedürftig wirken, und vielleicht wären sie auch noch so blöd, einem gestürzten Diktator ein politisches Asyl zu gewähren.

Auf der Welt geht es wahrlich verrückt und ungerecht zur Sache. Manchmal ist es empfehlenswert, einen Blick in andere Länder zu werfen und eigene Schlüsse daraus zu ziehen. Simbabwe ist ein Paradebeispiel für Korruption und Inflation, eigentlich all das, womit wir es in der EU auch zu tun haben und vielleicht sollten wir uns die Merkel einfach als einen Mugabe-Verschnitt vorstellen, um besser nachzuvollziehen, warum sie in der Flüchtlingskrise so handelte. Die Mutti der De-Nationalisierung ist zwar weißer und weniger raffgierig, aber mindestens genauso machtbesessen und skrupellos gegenüber dem eigenen Volk wie ein afrikanischer Diktator. Die herrschende Klasse beutet in Afrika die eigene Bevölkerung aus, zu Gunsten des Großkapitals. Jeder weiß das, doch in Europa können wir uns nicht vorstellen, dass bei uns ein ähnliches Schema abläuft. Kritiker sprechen gerne von einer systematischen Volksverdummung durch die Medien, ich behaupte dagegen, dass es schlichtweg eine in uns innewohnende Ignoranz ist, die uns verstummen lässt.

Das Erwachen aus dem Tiefschlaf

Der deutsche Michel wird erst erwachen, wenn er wie ein Afrikaner den Dreck unter seinen nackten Füßen spürt. Der Reichtum explodiert gerade auf der Welt, doch er liegt nur in den Händen von wenigen, während immer mehr Menschen verarmen, und dies ist politisch gewollt. Wenn jeder wohlhabend wäre, welcher Depp bliebe denn noch übrig, um die anfallenden Drecksarbeiten zu erledigen? Die antiken Römer hatten ihre Sklaven, pressten wirtschaftlich und finanziell die Provinzen aus und betrieben eine Klientelpolitik für die Reichen, denn schon damals regierte das Geld die Welt. Gegenwärtig herrschen noch immer die gleichen Grundsätze, wenn auch unter einem anderen Deckmantel. Im Vergleich zu den Muslimen brachten uns die römischen Invasoren aber wenigstens eine fortschrittlichere Kultur, denn während die germanischen Barbaren noch in den Wald kackten, gingen die Römer gemeinschaftlich aufs Klo. Heute wollen uns die eingedrungenen Islamisten die angestaubten Moralvorstellungen aus dem tiefsten Mittelalter aufbrühen. Das ist kalter Kaffee von gestern. Die religiöse Inquisition ist Geschichte. Wir wurden bereits aufgeklärt, weshalb wir gut und gerne auf eine archaische Auslegung des Islam verzichten können, und auf alle Flüchtlinge, die sich dazu bekennen. Dafür haben wir die Bibel und das Alte Testament, mit Kriegsgesetzen und diversen Anleitungen zur Steinigung, etwa von ungehorsamen Söhnen oder Homosexuellen.

Liebe Muslime, verschont uns daher mit euren mittelalterlichen Konventionen, das Mittelalter war ohnehin scheiße, im wahrsten Sinne des Wortes. Die Europäer waren damals so degeneriert, dass sie die einfachsten hygienischen Umgangsformen vergessen hatten und die Scheiße einfach auf die Straße kippten, bis der nächste Regen den ganzen Dreck wegspülte. Zwischendrin grassierte auch immer mal wieder die Pest, und Kriege zogen über den Kontinent. So richtig blühte Europa erst wieder im Zeitalter der Kolonialisierung auf, als die Spanier Amerika entdeckten, alle Eingeborenen niedermetzelten, fremde Kulturen auslöschten, jedem das Christentum aufzwangen, das ganze Gold klauten und massenweise Menschen als Sklaven verschleppten. Die anderen europäischen Seefahrer-Nationen, wie die Engländer, Portugiesen und so weiter, taten es den Spaniern gleich und ein Wettlauf um die besten Ressourcen auf der Welt entbrannte, sodass die Europäer zu ihren Hochzeiten vor Ausbruch des zweiten Weltkriegs annähernd 85 Prozent der Erde unter ihre herrschaftliche Kontrolle brachten.

Seitdem geht es mit Europa ständig nur bergab – Kolonialreiche weg, Gold weg, Christentum am Ende und der verpickelte Sprössling USA markiert den Ober-Checker auf dem Globus. Eigentlich sollten wir Europäer uns für das lausige Dasein auf diesem Planeten im Kollektiv schämen und endlich wieder die Rolle annehmen, die uns gebührt, nämlich die Welt unter unserer Herrschaft zu vereinen.

Immerhin haben wir Europäer der Menschheit die heutige Zivilisation gebracht, ohne uns würden alle Eingeborenen in Afrika noch im Busch nach Affen jagen und die Indianer in Amerika zu Fuß durch die Steppe streifen. Allerdings haben wir mit unserer Vorgehensweise die Welt auch gehörig ins Wanken gebracht, mancherorts regelrechtes Chaos verursacht. Wir müssen davon wieder etwas gutmachen, das Unheil zurechtbiegen, eine bessere Welt schaffen, in denen es allen Menschen gleich gut geht und für immer der Friede herrscht. Wir hätten heute schon die technischen Möglichkeiten, das Paradies auf Erden zu schaffen, niemand müsste mehr leiden, wenn wir unsere Ressourcen brüderlich auf der Welt mit allen Menschen teilen würden.

Wir brauchen kein Deutschland, wir brauchen keine EU und erst recht keine USA, wir brauchen stattdessen eine Transatlantische Union, unter der Regieanweisung von Deutschland – Mama Merkel gibt bereits ihr Bestes - mit TTIP. Europa ist sich aber noch uneins, kriegsmüde geworden, alterssenil und schwach, doch gewisse Methoden aus der Vergangenheit zählen heute immer noch zum politischen Repertoire, nämlich die gezielte Verschleppung von Menschenmassen. In den letzten 2.000 Jahren verging nicht ein Jahrhundert, ohne eine beabsichtigte Siedlungspolitik, die von der Herrschaftsklasse herbeigeführt wurde, um die Welt nach ihrem Geschmack umzugestalten. Dieser Prozess hörte übrigens nie auf, er hält nach wie vor an und wir befinden uns mitten in der Transformationsphase, wobei die Flüchtlinge nur ein altbewährtes Mittel zum Zweck sind. Dabei sollte uns klarwerden, dass in Europa die alten Strukturen verschwinden müssen, um etwas Neues darauf zu errichten. Wie bei einem Gemälde, streicht die Politik den Refugee als in Farbe getränkten Pinsel über unser Land und verwischt dabei das Altbekannte.

Die wahre Bedeutung hinter der Umvolkung wird uns jedoch von den Eliten verheimlicht, denn wir könnten die Pläne durchkreuzen, wären wir uns im Klaren, was wirklich vor sich ginge. Zudem sah sich die Herrschaftsklasse nie dazu genötigt, ihre Beweggründe dem gemeinen Pack zu erklären. Wer es wagt, aus der Reihe zu tanzen und aufzubegehren, wird niedergeknüppelt, dafür sorgen schon die Handlanger des Systems. Die nationale Zugehörigkeit spielt dabei keine Rolle, weder heute, noch in der Geschichte aller menschlichen Herrschaftsformen. Selbst die Nazis haben das eigene deutsche Volk zum Teil ausgerottet. Die Juden, die im deutschen Kaiserreich voller Pflichtbewusstsein und Staatstreue in den Ersten Weltkrieg zogen, wurden im Zweiten Weltkrieg als menschliche Arbeitskräfte versklavt, misshandelt und getötet. Es waren deutsche Staatsbürger, die der Nationalsozialismus für seine Ziele opferte und es werden wieder deutsche Staatsbürger sein, die unsere Demokratie für ihre Ziele opfert. Natürlich sind die Methoden heute feiner, nicht so offensichtlich, doch letztendlich kommt das gleiche Ergebnis zustande.

Ob 500.000 Menschen mit Gewalt in Ketten gelegt werden, um sie nach Deutschland zu verfrachten oder ob 500.000 Menschen mit einem Asylversprechen nach Deutschland gelockt werden, ist für das Resultat in beiden Fällen unerheblich. Und natürlich gibt es für jedes staatliche Handeln die entsprechende Erklärung dazu. Im Nationalsozialismus musste die Regierung der breiten Masse weismachen, dass es sich bei den Juden um fiese, gemeine Untermenschen handelt, die das Volk bedrohen. Heute will uns die Regierung in der Demokratie das Märchen auftischen, dass es sich bei den Flüchtlingen um hilfsbedürftige Menschen handelt, die uns später den Wohlstand bringen. Würde die Berichterstattung das Negative in der Flüchtlingsdebatte nach außen kehren, so wäre das geglaubte Bild in den Köpfen der Bürger ein völlig anderes und niemand würde noch die Flüchtlinge für arme Opfer halten, sondern eher für Invasoren. Ganz egal, wie pervers das Treiben einer jeden Regierung auch sein wird, die passende Erklärung ist immer parat. So etwas nennt sich übrigens Propaganda, die natürlich als solche nicht erkennbar sein darf, da sie ansonsten ihre Wirkung verliert. Wer glaubt heute eigentlich noch an die freien Medien, die uns unabhängig informieren? Wenn ich mir die Berichterstattung zu Syrien anschaue, lese ich in Deutschland genau das Gegenteil von dem, was in Russland behauptet wird und wahrscheinlich liegt die Wahrheit irgendwo dazwischen.

Wir müssen uns daher selbst die Gedanken machen und wer dabei die Vergangenheit im Hinterkopf behält und der heutigen Realität ins Auge blickt, ahnt im Bezug zu den Flüchtlingen nichts Gutes. Wenn Hunderttausende binnen weniger Monate in ein Land eindringen, dann geschieht dies in einem schnelleren Tempo als der australische Kontinent besiedelt wurde. Übrigens haben Australien und Amerika ihre Bevölkerungszusammensetzung nur einer radikalen Siedlungspolitik der kolonialen Herrschaftsklasse zu verdanken und niemand aus der einfachen Bevölkerung konnte damals diesen Prozess aufhalten. Die breite Masse wurde bisher immer zum Opfer einer geld- und machtgeilen Elite, die mit aller Gewalt ihre Interessen ohne Rücksicht auf Verluste durchdrückte. Die afrikanischen Uhreinwohner wurden wie Vieh nach Übersee verschifft und dort auf Auktionen an Höchstbietende als Sklaven verkauft, aber es gab auch weiße Sklaven, ganz normale Europäer, die entrechtet und geknechtet wurden. Die Engländer verschifften Abertausende irische Menschen zu ihren Kolonien, darunter Frauen und kleine Kinder, die man einfach der Familie entriss. Die Nationalität spielte damals keine Rolle, ebenso wie heute, sondern nur der gesellschaftliche Stand. Seit die Menschen aus dem Paradies geflogen sind, bilden alle bisher dagewesenen

Herrschaftsformen eine symbolische Pyramide, so wie sie auf dem 1-US-Dollar Schein zu sehen ist. Der Souverän schwebt völlig abgehoben über allen Untertanen, dann kommt eine kleine einflussreiche Gruppe, die den Herrschaftsanspruch des Souveräns nach unten hin verteidigt und dabei systemkonforme Bedienstete mit Rechten und Machtansprüchen ausstattet, die wiederum das selbige gegenüber ihren Untertanen tun, bis hinab in die Ebene der breiten Bevölkerungsmasse, die keinerlei Machtbefugnisse besitzt, außer das Recht zum Schweigen.

Wer denkt, das Volk sei der eigentliche Souverän in der parlamentarischen Demokratie, der stellt die gesellschaftliche Pyramide der Ägypter auf den Kopf. Heute ist der Anteil an Sklaven in der Gesellschaft sogar weitaus größer als vor hunderten Jahren, doch wir merken nichts davon, weil wir uns dessen nicht bewusst sind. Dabei sind die Sachverhalte relativ greifbar und keineswegs theoretischer Natur. Ein Sklave zeichnet sich doch primär dadurch aus, dass ihm keine freie Entscheidungsmacht zugestanden wird und er nach Verlangen seine Arbeitskraft zur Verfügung stellen muss und in der Regel kein Eigentum besitzt. Klingt doch ganz nach einem abgewrackten Hartz-IV-Empfänger, dem gerade vom Jobcenter eine Arbeit angeboten wird. Wer als Arbeitsloser eine Stelle ablehnt, erhält eine Sanktion, wobei Leistungsempfängern unter 25 Jahren für den Zeitraum von drei Monaten komplett die Regelleistungen gestrichen werden und für ältere Personen prozentual, bis es nur noch Lebensmittelmarken gibt. Hartz-IV ist übrigens eine menschenverachtende Erfindung der rotgrünen Gutmenschen, ebenso das Leiharbeitsmodell, während uns die schwarzroten das Flüchtlings-Desaster einbrockten. Aber alle meinen es nur gut, schließlich gilt es, die Menschen in Arbeit zu bringen, damit die Steuereinnahmen sprudeln.

Wer dann das Glück hat, einen Arbeitsplatz zu besitzen, ist aber auch nicht unbedingt besser bedient. Schmeißt man von heute auf morgen seine Arbeit hin, weil der Chef ein cholerisches Arschloch oder die Bezahlung mies ist, verhängt das Jobcenter eine Sperre. Wer drei Monate kein Geld verdient und auch sonst nichts gespart hat, kann keine Miete mehr zahlen und verliert seine Wohnung. Als Obdachloser ohne Meldeadresse gibt's auch kein Hartz-IV. Man kann also verrecken, wenn man das möchte, oder man verhält sich wieder systemkonform und akzeptiert die Peitsche vom Jobcenter oder Arbeitgeber und darf dafür am Zuckerbrot naschen. Die Menschen, die etwas besitzen, wie ein Auto oder ein Haus, haben es ebenfalls nicht leicht, besonders dann nicht, wenn jene Dinge auf Kredit finanziert wurden, wobei man grundsätzlich kein Eigentümer dieser Sache ist, sondern die Bank. Zahlen wir nicht unsere Zinsen, wird unser Besitz gepfändet, und wir landen schlimmstenfalls in der Gosse. Haben wir diese Dinge abbezahlt, neigen wir dazu, es als Eigentum anzusehen, was jedoch keineswegs der Fall ist, denn weigern wir uns die Steuern zu zahlen, die auf unseren Besitz erhoben werden, verlieren wir im Extremfall alles in einer Zwangsversteigerung. Übrigens heißen die heutigen Sklaven anders, man nennt sie lapidar Schuldner, und jeder Mensch ist in der westlichen Demokratie einer davon. Die Pro-Kopf-Verschuldung beträgt in der BRD 26.690 Euro und jede Sekunde wächst die gesamte Staatsschuld um 1.556 Euro, was nichts anderes bedeutet, dass dieses Geld auf irgendein Konto dieser Welt fließt, während die Schuldenlast auf alle verteilt wird. Ist das vielleicht der große Sinn hinter der Demokratie, eine maximale Schuldentragfähigkeit des Systems zu gewährleisten?

Freiheit oder was davon übrigblieb

Nur weil irgendjemand erzählt, dass wir in der Freiheit leben und unser politisches System das Beste auf der Welt sei, ist dies noch lange kein Grund, so leichtgläubig zu sein und darauf hineinzufallen. Die Monarchie hätte es auch niemals vor dem Volk gewagt, die eigene Regierungsform als ausbeuterisches System zu entblößen, für das es aber immer gehalten wurde, denn der König ließ es sich gut gehen, und die Untertanen mussten dafür zahlen. Unsere Demokratie offenbart ebenso wenig ihren wahren Charakter, denn es wäre nicht im Interesse der Herrschenden. Die Steuerlast im letzten deutschen Kaiserreich soll übrigens 1/10 der heutigen Steuerlast betragen haben, aber dies halte ich für ein demokratiefeindliches Gerücht, denn die BRD ist ein Steuerparadies, zumindest wenn man ein Milliarden-Unternehmen besitzt, eine kostspielige Zweigstelle in Irland betreibt und die Gewinne auf den Cayman Islands im Briefkasten versenkt.

Aber mit den Steuertricks, so wird in Brüssel erzählt, soll bald Schluss sein, ebenso mit der Demokratie, aber letzteres plant man nur im Verborgenen. Vielleicht nimmt man sich die USA dabei zum Vorbild, das demokratischste Vorzeigeland schlechthin, mit einem Staatsdefizit von 19.000 Mrd. US-Dollar und 320 Mio. Einwohner, wovon 537 Milliardäre und 2,2 Mio. Millionäre sind und 1 Prozent der Bevölkerung ganze 40 Prozent des Vermögens besitzen, während 50 Mio. Bürger auf staatliche Lebensmittelmarken angewiesen sind und 2,2 Mio. Menschen im Knast schmoren. Kein Land der Erde hat so viele Millionäre oder Gefängnisinsassen und in den USA herrschen krasse Missverhältnisse in der Verteilung des Wohlstands, wobei das Verhältnis zwischen Superreichen und dem armen Pöbel nicht viel anders erscheint, als in einer mittelalterlichen Monarchie Europas. Interessant ist in diesem Zusammenhang eine Studie über die größten Ängste der US-

Bevölkerung, wonach an erster Stelle mit 58 Prozent die Korruption (302) von Regierungen und Behörden steht, gefolgt mit 44 Prozent vom Terrorismus und nur jeder dritte Amerikaner sorgt sich um seine Gesundheit. Dies ist ein Alarmzeichen, dass etwas in der Demokratie nicht stimmt. Die Deutschen sorgen sich dagegen vorrangig nur um ihre eigene Gesundheit, wofür sie immer mehr bezahlen dürfen, und weniger um die Ordnung im politischen System, wobei die Erwähnung von Korruption bei uns noch nicht einmal vorkommt. Wer ist nun weltfremder, die Amis oder wir? Die Demokratie ist kein Garant mehr für den Wohlstand des Volkes auf breiter Front, sondern ist vielmehr zur Umverteilungsmaschinerie zu Gunsten des Kapitals geworden.

Doch wer sich gegen das System auflehnt, verliert sein Hab und Gut oder wandert in letzter Konsequenz ins Gefängnis. Unweigerlich fallen mir bei diesem Gedanken die Dokumentationen über den Knast-Alltag in den USA ein, die im Fernsehen hin und wieder ausgestrahlt werden, wobei ich Folgendes beobachten konnte: Die Insassen bilden instinktiv nach ethnischer Zugehörigkeit eine Gruppe – verdammte Rassisten! Die Mexikaner, die Schwarzen und die Weißen, allesamt sind sie zwar amerikanische Staatsbürger, und dennoch bekämpfen sie sich gegenseitig im Knast, und die Gefängniswärter passen auf. Übertragen auf die staatliche Ebene, verhält sich dies nicht anderes. Die verschiedenen Ethnien und Religionen feinden sich heute schon in Deutschland an, z.B. Türken gegen Kurden oder Moslems gegen Juden, und die Polizei spielt immer den aufpassenden Wärter. Eine multikulturelle Gemeinschaft scheint nicht zu funktionieren, weder im Kleinstformat im Gefängnis, noch im Großformat in der bunten Republik.

Die Menschen grenzen sich einfach aus ihrer Empfindung heraus ab, materiell, religiös oder ethnisch. Aber es soll auch reiche schwarze

Juden geben, die sich neben einen christlichen weißen Penner auf die Parkbank setzen. Die westlichen Regierungen wissen von diesen menschlichen Eigenarten, und gerade deshalb gibt es eine staatlich angeordnete Leitlinie der multikulturellen Gesellschaftsform. Die Deutschen werden dabei wieder zum Opfer einer politischen Ideologie und unsere Regierung muss aus der Gesamtbevölkerung keinen großen Widerstand fürchten, denn ein Szenario, in dem sich die Türken, die Kurden, die Deutschen, die Juden, die Moslems, die Christen und sonst wer gemeinsam gegen die Obrigkeit erheben, erscheint nahezu unmöglich, denn alle zusammengenommen fühlen sich nicht als eine Menschheit. Sind wir also doch nicht eins?

Die Demokratie handelt daher nach dem „Divide et impera" Prinzip, teile und herrsche, was sich in der modernen Demokratie ebenso bewährte, wie im alten Rom. Unsere Regierung stattet diverse Bevölkerungsschichten mit unterschiedlichen Befugnissen, Geldern und Rechten aus: Der Refugee darf z.B. schwarzfahren, der Deutsche muss dafür bezahlen, und der Bundestagsabgeordnete bekommt eine kostenlose DB-Jahreskarte ohne Verbundgrenzen. Die meisten Menschen bekommen natürlich keine Privilegien zugewiesen. So haben nur wenige etwas zu sagen, wie die Abgeordneten im Parlament, aber in Wirklichkeit nichts zu entscheiden. Ich saß schon an vielen politischen Stammtischen, und überall existiert in der Politik der Fraktionszwang, was dazu führt, dass alle Abgeordneten, die sich aus den Partei-Strukturen rekrutieren, sich in erster Linie gegenüber dem Partei-Programm und dem Vorstand verpflichtet sehen und niemals gegenüber dem Volk.

Darum konnte Merkel den Honecker mimen, alle Flüchtlinge reinlassen, und die Partei stand hinter ihr. Wer als Politiker nämlich aus der Reihe tanzt, wird angefeindet, fliegt aus der Partei oder der Fraktion und wird politisch isoliert – die politische Karriere kann damit zu Ende sein. Hin und wieder gibt es aber trotzdem mal eine Rebellion, und um diese zu vermeiden, finden ständig in den Parteien interne Machtkämpfe statt, wovon der Wähler nichts mitbekommt, die jedoch mehr Zeit und Ressourcen einfordern als das eigentliche Regieren. Daraus folgt, dass die Politik in der Demokratie vor allen Dingen mit sich selbst beschäftigt ist.

Die Parteien posieren wie Schauspieler vor dem Spiegel, zupfen sich zurecht, um auf der politischen Bühne ein ordentliches Bild abzugeben. Wir wählen dann diese Parteien und fragen uns nicht, wer hinter der Bühne steht und die Regieanweisung gibt. Verschwörungstheoretiker beschuldigen die Illuminaten, Freimaurer, Rothschilds oder Bilderberger, doch soweit möchte ich mich nicht aus dem Fenster lehnen. Mir genügen die Beobachtungen, dass es keine Seltenheit ist, wenn Abgeordnete nach dem Ausscheiden aus ihren politischen Ämtern plötzlich hochbezahlte Stellen in der freien Wirtschaft angedient bekommen. Dies spräche für eine sehr enge Verknüpfung zwischen der Wirtschaft und der Politik, aber natürlich hat dies nichts mit Korruption und Bestechlichkeit zu tun, denn diese existierte nach unwissenschaftlichen Erkenntnissen nur im alten Rom, deswegen zerfiel auch das Reich und weil es pleite war.

Letzteres ist eigentlich der Hauptgrund und bisher konnte sich noch keine Herrschaftsform vor dem moralischen als auch finanziellen Zerfall retten. Die Römer waren zum Schluss so pleite, dass sie den Edelmetallwert ihrer Münzen bis zur Unkenntlichkeit reduzierten und sie niemand mehr annehmen wollte. Kein Soldat kämpft für Almosen und kein Beamter macht den Finger krumm, wenn er nicht dafür entlohnt wird. Im schlimmsten Fall dauert der Flüchtlingsansturm so lange an, bis die BRD kein Geld mehr zum Bespaßen hat. Die Königshäuser tappten ebenfalls in die Schuldenfalle wegen eines üppigen Lebensstils und kostspieliger

Kriegsführung. Aus dieser Not heraus entwickelte sich dann später das ungedeckte Papiergeld, um über die Ausweitung von Krediten das Militär zu finanzieren, wobei die menschliche Arbeitskraft den Wert der Währung garantiert. Unter Hitler gab es einen Arbeitszwang, und die Meisten wurden dafür auch entlohnt, was letztendlich die Wirtschaft am Laufen hielt. In der BRD setzt man auf das Instrument der Sanktionierung von Sozialleistungen. Nazi-Deutschland hatte ohne nennenswerte Goldreserven eindrucksvoll bewiesen, wie effizient ein ungedecktes Papiergeldsystem funktionieren konnte und damit mächtig seine Militärmaschinerie vorangetrieben. Unter der Herrschaft der Nazis explodierte die Staatsverschuldung, genauso wie heute unter den Demokraten. Die BRD hat dabei unweigerlich das ungedeckte Schuldgeldsystem der Nazis übernommen, das mittlerweile auf der ganzen Welt dominiert.

So modern waren die Nazis

Die meisten Menschen sind sich nicht bewusst, wie modern die Nationalsozialisten für ihre damalige Zeit waren. Die heutige Tourismusbranche hat ihre Wurzeln in der nationalsozialistischen „Kraft durch Freude"-Organisation. Im Kaiserreich hatte der Arbeiter zu arbeiten und keinen Urlaub zu machen. Erst die Nazis emanzipierten den Wert der Arbeiter, der heute allerdings wieder abhandenkommt. Heute gibt es keinen spendierten Urlaub, den muss der Arbeiter sich schon selber leisten können, und die dicksten Boni erhalten nur die Vorstände der Konzerne. Die Nazis probierten an den Juden ihre Psychopharmaka aus und Jahrzehnte später machten westliche Konzerne daraus ein Milliardengeschäft. Die modernen B-2 Tarnkappenbomber der USA wurden inspiriert durch das Horten H IX Flugmodell der Nazis von 1945, und das

Einzige, was uns zum Nationalsozialismus einfällt, ist der Rassismus? Ich will das politische System nicht rühmen, denn es hatte gravierende Fehler, unter anderem die Vernichtung der Juden. Auf der anderen Seite wurde jedoch das Potential deutlich, das in den Menschen schlummerte: Es war die Kraft des Willens, etwas zu erreichen.

Die nationalsozialistische Regierung existierte nur 12 Jahre. Für geschichtliche Maßstäbe eigentlich unbedeutend, doch diese Zeit veränderte die heutige Welt in atemberaubendem Tempo wie keine Regierungsform davor. Dies ist aber keine Lobpreisung auf die Vergangenheit, sondern vielmehr ein Hinweis darauf, wie sehr der Wille etwas verändern kann, wenn er konsequent umgesetzt wird, ohne Rücksicht auf Verluste - so wie es Kanzlerin Merkel mit ihrer Flüchtlings-Politik bewies. Aus der Geschichte müssen wir Schlussfolgerungen ziehen, daraus lernen, und entweder bilde ich mir dies nur ein oder es existieren tatsächlich die Nazimethoden aus einem menschenverachtenden System mitten in der Demokratie. Sollte dies wirklich so sein, wäre Eile geboten, um den Wahnsinnigen in ihrem Treiben Einhalt zu gebieten, ansonsten finden wir uns bald im nächsten Weltkrieg wieder.

Träume für eine bessere Zukunft

Die Politik sollte lieber dafür sorgen, dass jeder ein freies und selbstbestimmtes Leben führen kann, wozu ein bedingungsloses Grundeinkommen für alle Menschen weltweit zur Diskussion gehört. Was heute so utopisch klingt, sollte niemanden abschrecken. Vor 100 Jahren hätte auch niemand geglaubt, dass die USA jemals einen schwarzen Präsidenten haben werden. Das Sorgen um das Wohlergehen der Wirtschaft, was ein abstrakter

Begriff ist, darf nicht zur Leitlinie werden, denn hinter der Wirtschaft stehen die Superreichen. In den USA besitzt das reichste 1-Prozent die Hälfte der börsennotierten Unternehmen. Das Wohl der Wirtschaft ist das Wohl der Superreichen. Der Geldfluss muss umgekehrt werden, von oben nach unten, und ich hätte auch schon ein Konzept dafür, doch dies erscheint vielleicht im Rahmen eines anderen Buches. Ein guter Anfang wäre es, der Regierung klar zu machen, welche Bedürfnisse man gerne erfüllt haben möchte. Alle reden von Wohlstand, doch dieser schultert in unserer Gesellschaft auf dem Elend der Armen. Wer kein Multimillionär oder Milliardär ist, kann sich getrost als Sklave des Systems sehen und nicht als Profiteur.

Nur wer heute aus seinem Hamsterrad aussteigen kann, ohne das die Welt um einen herum zusammenbricht, ist wirklich frei. Aber wer kann das schon? Jeder Mensch hat Wünsche und Träume, doch wir dürfen nicht egoistisch sein und diese über andere Menschen stellen. Wir müssen uns daher fragen: Was wollen wir Menschen? Sicherlich will jeder eine saubere Umwelt. Es kann doch nicht angehen, dass in Indien die Industrie-Scheiße in den Fluss gespült wird, während in Deutschland beim kleinsten Ölfleck auf der Straße die Feuerwehr ausrückt. Die Menschheit braucht globale Standards und alle Nationen der Welt müssen eine gemeinsame Lösung anstreben. Hierbei wäre die Struktur einer Weltregierung sicherlich nicht verkehrt, weshalb ich einer neuen Weltordnung nicht ablehnend gegenüberstehe, jedoch kritisch, solange die Pläne mit den Menschen nicht klar und deutlich kommuniziert werden.

Im sozialen Bereiche wäre eine Welt-Sozial-Agentur ebenfalls wünschenswert, und kein Mensch müsste mehr seine Heimat aus finanzieller Not verlassen. Wir könnten alle Grenzen abschaffen, denn welcher Afrikaner will schon freiwillig ins nasskalte Deutschland, wenn er auch in seinem Heimatland ein auskömmliches Leben führen kann? Die Europäer bekommen es jedoch nicht mal gebacken, innerhalb der EU einheitliche Sozialstandards zu schaffen, was eindeutig die Unfähigkeit des demokratischen Regierungskonzepts aufzeigt, wonach nur endlos debattiert wird und am Ende nichts dabei herauskommt. Am wichtigsten ist es jedoch, für einen Weltfrieden zu sorgen, den wir notfalls mit Gewalt erzwingen und verteidigen müssen. Die alten Machtstrukturen sind bei all dem wahrscheinlich hinderlich, weshalb es nicht schlecht sein muss, wenn das Alte zerfällt und etwas Neues kommt. Wir Menschen müssen die Zukunft aktiv mitgestalten, ansonsten besteht die Gefahr, dass die Herrschaftsklasse über uns hinweg regiert und dabei die Bevölkerung für ihre niederträchtigen Pläne opfert.

Nun hat natürlich jeder Mensch eigene Vorstellungen, doch alle Menschen einen die Grundbedürfnisse. Kein Mensch will hungern oder dürsten, kein Mensch will frieren, kein Mensch will einsam sein und wir könnten zusammengefasst sagen, dass kein Mensch auf der Welt leiden möchte, außer die Masochisten, doch Ausnahmen bestätigen bekanntlich die Regel. Alle Flüchtlinge sollen übrigens vor dem Leid in ihren Heimatländern geflohen sein und wenn dies so wäre, dann ist das Handeln eines jeden Flüchtlings nachvollziehbar. Ich vermute jedoch, aufgrund der kriminellen Schlepperdienstleistungen, die teuer bezahlt wurden, dass viele Menschen aus reiner Habgier den Weg nach Europa gingen, um einen Teil des Wohlstands in der westlichen Welt für sich abzuschöpfen.

Trotzdem sollten wir nicht sauer auf diese Menschen reagieren, jeder von uns hätte vielleicht ähnlich gehandelt. Die Beweggründe für die Refugees dürften für jeden nachvollziehbar sein. Man muss sich nur selbst in die Lage eines Flüchtlings hineinversetzen und sich vorstellen, es gäbe ein Land namens Fantasia, das uns Deutschen das Recht auf Asyl verspricht, weil bei uns ein Bürgerkrieg herrscht. Wir bekämen monatlich 10.000 Euro an Asyl-Leistungen, ohne dafür etwas tun zu müssen, und für unsere Unterkunft, Bildung und Gesundheit wäre bestens gesorgt. Notfalls baut die Regierung in Fantasia jedem Deutschen eine Wohnung auf Staatskosten. In Fantasia wird uns extra ein Dolmetscher bei Behördengängen kostenlos zur Verfügung gestellt und jedes Formular in unsere Landessprache übersetzt. In Fantasia dürften wir unsere Religion frei ausüben, sowie unsere freizügige sexuelle Art. Ständig feiert man für uns „Deutsche-Willkommen-Partys“, und selbstverständlich wird als Verpflegung eine typisch deutsche Küche serviert, damit wir uns so richtig heimisch fühlen. Klingt lachhaft, aber wirkt die deutsche Asylpolitik nicht ähnlich grotesk? Bringen wir es auf den Punkt: Den Refugees böse zu sein, weil unsere Regierung die Einladungskarten verschickt hat, ist sicherlich nicht angebracht. Die Kritik müssen wir an anderer Stelle üben.

Verständnis entwickeln

Ich bin mir sicher, wenn es für uns so ein Luxus-Asyl gäbe, viele Deutsche wären schon nach Fantasia unterwegs und hätten zur Finanzierung der Schleuser ihr Hab und Gut verhökert. Jetzt kommen wir aber zur Problematik, die insbesondere die Flüchtlinge in Deutschland betrifft, denn aufgrund ihrer Anzahl ist eine vernünftige Versorgung längst nicht mehr gewährleistet. Wenn 1 Mio. Deutsche sich nahezu gleichzeitig auf den Weg nach „Fantasia“ gemacht hätten, wäre das Asyl-Chaos ähnlich. Vielleicht müssten wir bei 40 Grad Celsius in der Sonne vor einem Amt tagelang ausharren, um endlich registriert zu werden, denn nur mit einer Registrierung bekämen wir das Geld. Hätten wir es schließlich gepackt, würden wir mit Hunderten Deutschen in einem riesigen

Zeltlager landen, ohne Privatsphäre, es wäre laut, stickig und wir müssten mit Feldbetten des Militärs vorliebnehmen und irgendwie entspräche nichts unseren Erwartungen.

Wie würden wir uns da wohl füllen? Sicherlich nicht besser als ein Refugee, der sich gerade im Zelt den Arsch abfriert. Zugegeben, jene aufgespannte Fiktion ist absolut unrealistisch, doch es verdeutlicht in der Flüchtlingsdebatte ungefähr die Relationen und lässt uns ein Verständnis für die Refugees entwickeln. In der Flüchtlingsdebatte kann es auch hilfreich sein, gewisse Dinge bewusst zu übertreiben, um ein Ergebnis sichtbar zu machen, wie bei einem Experiment. Kanzlerin Merkel sagte z.B., dass es keine Obergrenze für das Recht auf Asyl gäbe, doch wie sähe die Situation aus, wenn statt 1 Mio. Flüchtlinge nun 100 Mio. Flüchtlinge pro Jahr nach Deutschland kämen? Ich schätze, unsere deutsche Gesellschaft wäre am Ende. Von einer gebildeten Frau hätte ich zur Frage der Belastbarkeitsgrenze eine qualifiziertere Antwort erwartet, aber so bewies Merkel nur ihr fanatisches Handeln und Denken, das dem eines Dritten Reiches würdig war, aber nicht unserer Demokratie.

Die Fakten und Argumente in der merkelschen Asylpolitik verhallten und die Debatte wurde nur noch auf emotionaler Ebene geführt. Gewiss haben Hunderttausende Flüchtlinge traumatische Erlebnisse zu schildern, jeder einzelne von ihnen, und sei es nur, weil einer als Kind keinen Schnuller bekam. Aber seit wann werden herzerweichende Geschichten zur Grundlage der Politik erklärt? Nur die Propaganda bedient sich der emotionalen Ebene und die Menschen in Deutschland sollen heute für die Flüchtlinge so viel Mitgefühl aufbringen, wie damals die Deutschen die Juden hassen sollten.

Ich hatte es bereits erwähnt und erwähne es zum Abschluss noch einmal: Wir sind eine Menschheit auf einem Planten und es ist unanständig, die Menschen untereinander auszuspielen. Es ist gar keine Frage, jeder hilfsbedürftige Mensch muss auch Hilfe bekommen, dazu müssen wir allerdings unterscheiden, konkretisieren und dies geht nur mit Sachverstand, was das Mitgefühl jedoch nicht ausschließt. Und allen Gutmenschen sei gesagt: Ich bin euch nicht sauer, denn ihr denkt, ihr seid im Recht, so wie der Nazi dachte, er wäre auch im Recht. Doch Recht haben und Recht bekommen, sind zweierlei Paar Schuhe.

Begrüßenswert wäre das Anpacken der Krise aus allen Teilen der Bevölkerung und nicht die gegenseitige Zerfleischung. Hierfür müssen wir den kleinsten gemeinsamen Nenner finden. Wenn wir wirklich eine Menschheit sein wollen, dann muss in den Köpfen das Stammesdenken aufhören. Kein Mensch ist in erster Linie links, rechts, grün, rot, christlich, islamisch oder sonst was, sondern einfach nur Mensch. Gehen wir zurück zum Kern unseres Bewusstseins, finden wir die Lösung im Ganzen.

„Alles Geschaffene ist vergänglich. Strebt weiter, bemüht euch, unablässig achtsam zu sein.“ (Buddha)

Quellenangaben

1. Stadt wirft Künstlerpaar aus seinem Haus - BILD 15.03.2016.

2. Anschläge von Paris: Attentäter unter den Flüchtlingen - wie groß ist die Gefahr? - SPIEGEL 16.11.2015.

3. 1054 Strafanzeigen nach Übergriffen von Köln - WELT 10.02.2016.

4. Es ist eine Herrschaft des Unrechts - SÜDDEUTSCHE 09.02.2016.

5. Mehr als eine Million Flüchtlinge in Deutschland - DIE WELT 08.12.2015.

6. Zuwanderung: Gabriel hält 500.000 Flüchtlinge pro Jahr für verkraftbar - SPIEGEL 08.09.2015.

7. Studie zu Flüchtlingen in Europa: Fast eine halbe Million kann mit Asyl rechnen - SPIEGEL 22.09.2015.

8. Asylbewerber - Zahl der Abschiebungen 2015 verdoppelt - ZEIT 20.01.2016 .

9. Papst spricht von "arabischer Invasion" in Europa - SPIEGEL 04.03.2016.

10. Genaue Zahl der Flüchtlinge in Deutschland nicht bekannt - EVANGELISCHE.DE 12.11.2015.

11. Tausende Asylbewerber kommen nie in ihren Unterkünften an - FAZ 25.02.2016.

12. Trump erklärt Merkel für verrückt - SÜDDEUTSCHE 12.10.2015.

13. Thüringen schränkt Recht auf freie Meinungsäußerung ein - MMnews 09.09.2015.

14. Thüringer Beamtenbund fordert Distanz zu AfD - MMNEWS 07.10.2015.

15. Toiletten werden geputzt, weil die Presse kommt - DIE WELT 02.10.14.

16. Telekom versorgt Flüchtlingsunterkünfte mit WLan - DIE WELT 08.09.15.

17. Google stellt 25.000 Chromebooks für Flüchtlingshilfe bereit - T-ONLINE 26.01.2016.

18. Mobilfunk-Anbieter Yourfone verschenkt 50.000 SIM-Karten an Flüchtlinge - FOCUSMONEY 14.10.2015.

19. BND gibt Handynummern an US-Dienste weiter - DIE WELT 10.08.2013.

20. Datenverbrauch von Flüchtlingen übersteigt den von Airports - DIE WELT 19.02.2016.

21. Tauschbörsen: Flüchtlinge tappen in Abmahnfallen - SPIEGEL 04.03.2016.

22. Uno-Bericht: 1,2 Milliarden Menschen leben in extremer Armut - SPIEGEL 24.07.2014.

23. Büdingen sieht nach der Wahl braun - SÜDDEUTSCHE 07.03.2016.

24. Deutscher Staat erzielt fast 30 Milliarden Euro Überschuss - SPIEGEL 04.04.2016.

25. Milliarden für Flüchtlingskrise: Deutsche sollen später in Rente gehen - FOCUS 11.09.2015.

26. Schäuble plant Mini-Sparpaket wegen Flüchtlingskrise - DIE WELT 15.09.2015.

27. Flüchtlinge: Ökonom erwartet massive Steuererhöhungen - SPIEGEL 15.10.2015.

28. Ifo-Institut - Kosten dürften sich auf 20 Milliarden Euro verdoppeln - HANDELSBLATT 10.11.2015 .

29. Bundeshaushalt Info - Bundesministerium der Finanzen.

30. Kosten von bis zu 30 Milliarden Euro, jedes Jahr - DIE WELT 16.10.2015.

31. Finanzierung von Hilfen: Ramelow will Soli für Flüchtlinge einsetzen Montag - SPIEGEL 07.09.2015.

32. Innenministerium warnt - Falsche Zeugnisse und Diplome: Flüchtlinge kommen mit gekauften „Antragspaketen" - FOCUS 06.11.2015.

33. Ärzte, aufgepasst - Die Krankheiten der Flüchtlinge - ÄRZTEZEITUNG 14.09.2015.

34. Ebola-Viren - Überleben im Sperma - SPIEGEL 15.10.2015.

35. Krankenkassenbeiträge werden teurer - N24 14.10.2015.

36. Kommunen schließen Schwimmbäder - FOCUS 08.09.2014.

37. Asylanten verschmutzen Schwimmbecken und belästigen Frauen - BERLIN JOURNAL 25.01.2016.

38. Sexuelle Übergriffe im Schwimmbad – Zwei Flüchtlinge verhaftet - HAMBURGER ABENDBLATT 02.03.2016.

39. Zehnjähriger in Wiener Hallenbad vergewaltigt - SPIEGEL 07.02.2016.

40. Disco-Verbot für Flüchtlinge in Freiburg - TAGESSPIEGEL 25.01.2016.

41. Wohnungen droht der Abriss - Ärger im Mundenheimer Viertel - SWR Fernsehen RP 02.06.2015 .

42. Die Turnhallen-Not wird zum teuren Dauerzustand - DIE WELT 19.01.2016.

43. Eisingen sagt „Ja“ zur Asylunterhkunft - BADEN TV 21.09.2015.

44. Gebäude soll am Wochenende überraschend zur Notunterkunft für 300 Flüchtlinge werden - NEUE WESTFÄLISCHE 17.09.2015.

45. So marode sind Deutschlands Schulen - STERN 09.03.2016.

46. Lehrer und Schüler streichen Klassenzimmer - WESTDEUTSCHE ZEITUNG 26.06.2014.

47. Sparmaßnahmen - Eltern müssen Schule putzen - STERN 06.12.2003.

48. Milliarden für Bildung von Flüchtlingskindern - FRANKFURTER ALLGEMEINE 09.10.2015.

49. Die AfD und ihr Schießbefehl - Kalt berechnend - FAZ 31.01.2016.

50. Flüchtlinge blockieren erneut Landstraße - NORDKURIER 03.03.2016.

51. Eine Million Hartz-IV-Empfänger mehr durch Flüchtlinge - FOCUS 09.10.2015.

52. Siebzig Prozent der Flüchtlinge brechen ihre Ausbildung ab - FOCUS 15.10.2015.

53. Landkreistag fordert Ausnahmen vom Mindestlohn für Asylbewerber - FAZ 03.09.2015 .

54. Deutschland will Flüchtlinge als Sklaven - N24 07.09.2015.

55. Neue Oxfam-Studie: „Armut und Ungleichheit nehmen in EU-Staaten massiv zu“ - RTdeutsch 09.09.2015.

56. Gated Communities - Zäune als Prestigeobjekt - FOCUS 17.05.2011.

57. Das Ende des Geldes - Website von Franz Hörmann.

58. Arabische Untertitel für Merkels Neujahrsansprache - DIE WELT 30.12.2015.

59. Schon mehr als 100 000 Konten für Flüchtlinge bei Sparkassen - SVZ 21.02.2016.

60. Ist "Pippi Langstrumpf" rassistisch? - "Negerkönig" sorgt für Ärger - N-TV 24.02.2011.

61. Diskriminierungsverbot bleibt - FRANKFURTER RUNDSCHAU 09.03.2016.

62. No-go-Areas in NRW-Großstädten? Wenn die Polizei nur in Mannschaftsstärke ausrückt - WDR 03.07.2015.

63. Das ist der Masterplan zur Integration der Flüchtlinge - DIE WELT 19.09.2015.

64. Ehrenmord Gedenkseite.

65. Klöckner fordert Gesetz zur Integrationspflicht für Flüchtlinge - FOCUS 22.09.2015.

66. Pro Woche werden in Deutschland zwei Kinder getötet - DIE WELT 19.05.2015.

67. Migranten in Medien - Die andere Parallelgesellschaft - TAZ 28.05.13.

68. NRW sucht Polizisten mit Migrationshintergrund - Die Welt 02.06.14.

69. Nach Demo: Polizei muss rivalisierende Türken und Kurden trennen - MORGENWEB 12.09.2015.

70. Drogeriemarktkette dm - Gewaltandrohungen stoppen Spendenaktion für Kurden - STERN 13.10.2015.

71. Pfiffe und Buhrufe für die Terroropfer von Ankara - DIE WELT 13.10.2015.

72. Kurdische Gewaltorgie erwischt Polizei eiskalt - DIE WELT 09.09.2012.

73. Flüchtlinge empfangen Merkel mit Beifall in Berlin - Berliner Morgenpost 10.09.2015.

74. Warnung des Zentralrats der Muslime - Muslime fordern Integrationsregeln - Tagesschau 10.09.15.

75. Flüchtlings-Drama: Warfen Muslime Christen ins Meer? BILD - 16.04.2015.

76. Syrer und Afghanen liefern sich Steinschlacht an kroatischer Grenze - RTdeutsch 18.09.2015.

77. Muslimische Asylbewerber attackieren Christenpaar wegen Kreuzkette - KATHOLISCHE NACHRICHTEN 16.09.2015.

78. Erstaufnahmestelle Suhl - Gewaltausbruch in Flüchtlingsheim: 15 Verletzte - MDR 20.08.2015.

79. Flüchtlingskrise Liveticker "Gezielte und gut vorbereitete Auseinandersetzungen" - DIE WELT 02.10.2015.

80. Asylbewerber können nicht abgeschoben werden - RADIOBREMEN 03.02.2015.

81. Zu Hause würdet Ihr Euch das nicht Trauen - BILD 24.09.2015.

82. Macheten-Vorfall im Netto-Markt hat keinen Einfluss auf Asylverfahren - FREIEPRESSE 15.09.2015.

83. Flüchtlinge als "Freiwild": Sexuelle Übergriffe in Asylbewerberheimen - HUFFINGTON POST 11.09.2015.

84. "Haben keine Moscheen" - Slowakei will nur christliche Flüchtlinge aufnehmen - FOCUS 20.08.2015.

85. Polizei will Flüchtlinge nach Religionen trennen - TAGESSCHAU 28.09.2015.

86. Erstmals Täter von Köln verurteilt - MDR 24.02.2016.

87. Flüchtlinge aus diesen Ländern werden öfter straffällig - DIE WELT 12.01.2016.

88. Wer am Kotti wirklich der Boss ist - N24 17.03.2016.

89. Geheimpapier belegt Kriminalität arabischer Clans - DIE WELT 06.10.2015.

90. Fahrer war wegen Straftaten bekannt - N-TV 15.03.2016 : s.n.

91. Fünf Experten reden Klartext - Die Wahrheit über den Euro-Crash - FOCUS 20.06.2012 .

92. Brüssel: Schlagstöcke, Tränengas und Wasserwerfer – 80.000 protestieren gegen Sparpolitik - RTDEUTSCH 08.10.2015.

93. Muslim-Gross-Demo in Dänemark für IS Kalifat - MMnews 21.09.2015.

94. Islam-Studie „Nur jeder 14. Moslem ist radikal" - FOCUS 29.02.2008.

95. Asyl- und Einwanderungsrecht - Flüchtlingsmädchen Reem heizt neue Asyldebatte an - FOCUS 19.07.2015.

96. Mord an junger Türkin: "Sie hat ja wie eine Deutsche gelebt" - SPIEGEL 19.02.2005.

97. So ticken Macho-Muslime „Höhere Gewaltbereitschaft ist kein Pauschalurteil" - BILD 26.11.2010.

98. Flüchtlinge retten Grundschule: Syrische Kinder für Golzow - SPIEGEL 10.09.2015.

99. IW-Chef will Flüchtlinge nach Ostdeutschland leiten - MMnews 15.09.2015.

100. Weitere Sperranlage - Israel baut Grenzzaun zu Jordanien - N-TV 07.09.2015.

101. In der arabischen Welt gelten wir Afrikaner als Muslime zweiter Klasse - Quantara 24.04.2013.

102. Skandal in Saudi-Arabien – 100.000 Flüchtlingszelte stehen leer - YAHOO Nachrichten 16.09.2015.

103. Reiche Ölstaaten helfen keinen Flüchtlingen - MOPO24 09.09.2015.

104. Vergessener Krieg: Saudi-Arabien bombt den Jemen ins Elend - SPIEGEL 29.07.2015.

105. Programmbeschwerde gegen ARD wegen „Unterdrückung des Amnesty-Berichtes zu Kriegsverbrechen von Saudi-Arabien im Jemen" - RTDEUTSCH 13.10.2015.

106. Gabriel und das braune Pack - STUTTGARTER ZEITUNG 25.08.2015.

107. Parolen gegen Israel - WER stoppt diesen Judenhass? - BILD 22.07.2014.

108. Asylbewerberheim - Miniröcke könnten zu Missverständnissen führen - DIE WELT 26.06.15.

109. Kritik an Demontage: Akt Plastik vor Flüchtlingsheim in Gera weggeräumt - OSTTHÜRINGER ZEITUNG 10.10.2015.

110. Azubi verliert wegen Hass-Kommentar seinen Lehrplatz -BILD 25.07.2015.

111. 7500-Euro-Strafe wegen Facebook-Hetze gegen Ausländer - DIE WELT 29.07.15.

112. HVV drückt bei Flüchtlingen ein Auge zu - BILD 03.08.2015.

113. Oma Gertrud (86) als Schwarzfahrerin im Knast - BILD 21.06.2013.

114. Deutsche Bahn lässt Flüchtlinge gratis reisen - DIE WELT 14.09.2015.

115. Presseinformation - 22.000 Flüchtlinge in über 100 Zügen - DB Presse-Info 07.09.2015.

116. Flüchtlinge ziehen Notbremse im Sonderzug und steigen aus - TAGESSPIEGEL 16.09.2015.

117. Mit dem Taxi zum Amt - So zahlt der Steuerzahler für Flüchtlinge - MOPO24 28.01.2016.

118. So viel zahlt der Freistaat wirklich für die Asyl-Taxifahrten - MOPO24 18.03.2016.

119. Bezahlte Taxifahrten von Flüchtlingen - Seniorenrat ist empört - LEIPZIGER VOLKSZEITUNG 31.01.2016.

120. "Ich wurde in Dubai behandelt wie ein Hund" - DIE WELT 02.02.2014.

121. Zwei Frauen vor Terrortribunal wegen Autofahrt - DIE WELT 25.12.2014.

122. Urteil in Saudi-Arabien: Zehn Jahre Haft und 1000 Peitschenhiebe für Blogger - SPIEGEL 08.05.2014.

123. Cameron bittet um Erlass von 350 Peitschenhieben - N24 14.10.2015.

124. Brite entgeht 350 Peitschenhieben: Hatte Wein im Auto - Handelsblatt 29.10.2015.

125. Finanzminister Schäuble stellt Souveränität Deutschlands in Frage - HNA 22.11.2011.

126. USA stationieren neue Atomwaffen in Deutschland - STERN 22.09.2015.

127. Russland droht mit "Gegenmaßnahmen" - N24 23.09.2015.

128. Interview zur Stopp Ramstein-Kampagne - RTdeutsch 26.08.2015.

129. Syrien macht Europa für die Flüchtlingswelle verantwortlich - FOCUS 11.09.2015.

130. US-Militär warnt: Krieg mit Russland oder China wird wahrscheinlicher - FOCUS 02.07.2015.

131. "Wir haben die Kontrolle verloren" - DIE WELT 11.09.2015.

132. Angst vor rechtsextremen Übergriffen - Bund will Flüchtlinge besser schützen - N-TV 15.11.2015.

133. Sonst kommt das BKA: Was Sie nicht in Ihre Überweisungen schreiben sollten - FOCUSMONEY 01.10.2015.

134. Feststellung der deutschen Staatsangehörigkeit - STADT ASCHAFFENBURG 16.09.2015.

135. Verklemmt durchs Leben - SPIEGEL 10.04.2013.

136. Deutschland wächst so stark wie seit 1992 nicht mehr - N24 24.09.2015.

137. Merkel bei "Anne Will" "Ich habe einen Plan" - TAGESSCHAU 08.10.2015.

138. Merkel zweifelte schon 2011 an der Griechen-Rettung - BILD 02.07.2015.

139. Putin liefert Kampfflieger an Syrien-Schlächter Assad - BILD 23.09.2015.

140. Entlang des Mülls in Richtung Hoffnung - DEUTSCHEWELLE 10.09.2015.

141. Flüchtlinge in Wien: "Es gibt immer einen zweiten Weg" SPIEGEL 15.09.2015.

142. Schleuser-Kriminalität - Deutscher Zoll findet Pakete mit syrischen Pässen - MDR 21.09.2015.

143. Software-Durcheinander verursacht Asylkrise im Amt - FOCUS 23.08.2015.

144. Landkreis Lörrach bietet Asylbewerbern Geld für Ausreise an - BADISCHE ZEITUNG 29.07.2015.

145. Bundespolizei: Das passiert bei den Grenzkontrollen - SPIEGEL 15.09.2015.

146. Ungarn schließt letzten offenen Grenzabschnitt zu Serbien - RTdeutsch 14.09.2015.

147. Ungarn riegelt alles ab - Verzweifelte gegen Polizisten! - BILD 17.09.2015.

148. Chaos an Grenze zu Ungarn: Hunderte Flüchtlinge rufen nach Merkel - RTdeutsch 16.09.2015.

149. Jeder Fünfte in Deutschland mit Migrationshintergrund - HANDELSBLATT 14.11.2014.

150. Überraschende Statistik: Plötzlich haben wir die niedrigste Geburtenrate der Welt - SPIEGEL 01.06.2015.

151. The World Factbook - CENTRAL INTELLIGENCE AGENCY.

152. UN reduzieren Hilfe für Syrien-Flüchtlinge - Jetzt nur noch die Hälfte zum Überleben - TAGESSCHAU 03.07.2015 .

153. Etliche neue Jobs - Securitas, Lycamobile, Ikea - Diese Firmen verdienen Millionen an der Flüchtlingskrise - FOCUS 17.09.2015.

154. Lageso - Flüchtlinge bewerfen Wachleute mit Steinen - Berliner Morgenpost 22.09.2015.

155. Ein Flüchtling fordert: "Lasst endlich niemanden mehr rein" - HUFFLINGTON POST 16.10.2015.

156. Bericht über millionenteure Misswirtschaft im Lageso - DIE WELT 12.02.2016.

157. Bundeswehr räumt Kaserne für Flüchtlinge - MÄRKISCHE ALLGEMEINE 21.09.2015.

158. Bundeswehr öffnet Offizierschule als Notunterkunft für Flüchtlinge - AUGEN GERADEAUS - 05.09.2015.

159. Bundeswehr: Reservistenverband ruft zum Flüchtlingsdienst auf - SPIEGEL 21.09.2015.

160. Söder will monatliches Taschengeld für Flüchtlinge abschaffen - FOCUS 08.07.2015.

161. Welche Arbeitnehmer künftig neue Jobs suchen müssen - HANDELSBLATT 08.01.2015.

162. Deutscher Mittelstand schrumpft dramatisch - RTL 13.12.12 .

163. Münchner Polizei bittet, "keine Sachen mehr zu bringen" - SÜDDEUTSCHE ZEITUNG 01.09.2015.

164. Benutzungs- und Gebührensatzung für die Obdachlosenunterkunft - Stadt Emmerich am Rhein.

165. Wohl aus Frust über negative Asylprognose: Kosovaren verwüsten Wohnung - AUGSBURGER ALLGEMEINE 11.03.2015.

166. Umfang der Wohnungsnotfälle 2008-2012 - BAG Wohungslosenhilfe e.V.

167. Zahl der Zwangsräumungen nimmt zu - DEUTSCHEWELLE 10.11.2013 .

168. Stadt wirft achtköpfige Familie aus ihrem Haus - EXPRESS 05.06.2015.

169. Studenten wegen Flüchtlingen gekündigt - LAUSITZER RUNDSCHAU 05.06.2015.

170. Städte werfen alte Mieter raus um Flüchtlinge einzuquartieren - MMnews 16.09.2015.

171. Bettina Halbey muss für Flüchtlinge ihre Wohnung räumen - N24 24.09.2015.

172. Regierung: Keine Zwangsvermietung zur Unterbringung von Flüchtlingen - FOCUS 12.09.2015.

173. Neuer Gesetzesentwurf in Hamburg "Beschlagnahmung privaten Wohnraums ist möglich" - N24 28.09.2015.

174. Hamburg will Gewerbeimmobilien für Flüchtlinge beschlagnahmen - N-TV 23.09.2015.

175. Berlin beschlagnahmt Luxusimmobilien für Flüchtlinge - FRANKFURTER ALLGEMEINE 25.09.2015.

176. „Klamme“ Griechen kaufen Berlin - HANDELSBLATT 17.12.2012.

177. In drei Minuten obdachlos - ZEIT 29.10.2013.

178. Dresden verkauft sämtliche Wohnungen an US-Investor - DIE WELT 09.03.2006.

179. Dax-Unternehmen in ausländischer Hand - HANDELSBLATT 20.05.2014.

180. Bundesrepublik Deutschland - Finanzagentur GmbH.

181. TTIP - EU-Parlament stimmt für Freihandelsabkommen mit USA - WIRTSCHATSWOCHE 08.07.2015.

182. Massendemo gegen TTIP: So viele kamen noch nie - SPIEGEL 10.10.2015.

183. TTIP bringt Rekordzahl von Gegnern auf die Straße - DIE ZEIT 10.10.2015.

184. Zuwanderung: Deutscher Arbeitsmarkt braucht mehr Ausländer - SPIEGEL 27.03.2015.

185. Zahlen & Fakten - Statistisches Bundesamt.

186. EU-Kommission will 40.000 Flüchtlinge verteilen - FRANKFURTER ALLGEMEINE 27.05.2015.

187. EU will 60.000 Flüchtlinge auf die Mitgliedstaaten verteilen - DIE ZEIT 26.06.2015.

188. So sollen 120.000 Flüchtlinge verteilt werden - T-Online 22.09.2015.

189. Asylpolitik - Verteilung der Flüchtlinge in der EU droht zu scheitern - SPIEGEL 19.10.2015.

190. EU beerdigt Idee von festen Flüchtlingsquoten - N-TV 21.09.2015.

191. UN kürzen Hilfe für Flüchtlinge in Syrien und der Türkei drastisch - DIE ZEIT 14.10.2014.

192. Flüchtlinge in der Türkei - Die Macht des Schleusenwärters FRANKFURTER ALLGEMEINE 21.09.2015 .

193. Flüchtlinge in Dänemark - Autobahn gesperrt, Zugverkehr eingestellt - TAGESSCHAU 09.09.2015.

194. Lösung der Flüchtlingskrise: Erdogan stellt Bedingungen an die EU - SPIEGEL 05.10.2015 .

195. EU-Gipfel - Streitfall Türkei - DIE ZEIT 08.03.2016.

196. EU-Gipfel erklärt Balkanroute nicht für geschlossen - T-ONLINE 08.03.2016.

197. Balkanroute bleibt geschlossen und zwar dauerhaft - DIE WELT 10.03.2016.

198. Österreichs Innenministerin - Die Balkanroute bleibt geschlossen - SPIEGEL 10.03.2016.

199. 13. Waffen-Gebirgs-Division der SS „Handschar" - WIKIPEDIA.

200. Putin eröffnet größte Moschee Moskaus - RTdeutsch 23.09.2015.

201. Liste von Militärbasen der Vereinigten Staaten im Ausland - WIKIPEDIA.

202. China kritisierte die verstärkte Militärpräsenz der USA - TAGESSPIEGEL 16.04.2013.

203. Der deutsche Dschihad DIE ZEIT 17.07.2014.

204. CIA setzte Mafia auf Tötung von Fidel Castro an - DIE WELT 26.06.2007.

205. Refugees desperate march out of Hungary after being told they are not welcome - MIRROR 04.09.2015.

206. Ungarn: Flüchtlinge stellen Forderungen und wollen nach Deutschland - EURONEWS 04.09.2015.

207. Ungarn: Hunderte Flüchtlinge brechen aus Aufnahmelager aus - SPIEGEL 04.09.2015.

208. KVR-Chef zu Flüchtlingen: "Geht nicht mehr lange gut" - TZ MÜNCHEN 09.09.2015.

209. De Maizière fordert "Ankommenskultur" der Flüchtlinge - SPIEGEL 02.10.2015.

210. Muenchner Kammerspiele - Internationale-Schlepper-Schleusertagung-2015.

211. Schlepper-Lobbyisten erhalten öffentliche Fördergelder - 28.09.2015.

212. Das Geschäft mit Flüchtlingscontainern - NDR 02.10.2015.

213. Zweijähriger ausgesetzt, weil er verhext ist - BILD 16.02.2016.

214. Propagandatricks - oder Pannen in Serie - TAGESSPIEGEL 02.08.2016.

215. Flüchtlinge in Idomeni schweben in Lebensgefahr - BILD 11.03.2016.

216. Kinder vorgeschoben - Inszenierter Sturm auf Mazedoniens Grenzzaun - KRONEN ZEITUNG 29.02.2016.

217. Idomeni - Flüchtlinge hoffen auf Merkel - BILD 12.03.2016.

218. Hunderte Flüchtlinge verlassen Idomeni - SPIEGEL 11.03.2016.

219. Deutschland soll sofort 28.000 Flüchtlinge aufnehmen - HANDELSBLATT 17.03.2016.

220. Fischzüge vor Afrika - GEO MAGAZIN ARTIKEL 25.01.2013.

221. Deutsche Entwicklungshilfe für Großwildjagdfarm in Simbabwe - PRESSEPORTAL 25.08.2015.

222. Deutsche Entwicklungspolitik - Nachhaltige Zerstörung - TAZ 06.02.2015.

223. Gaza-Geberkonferenz sammelt mehr als fünf Milliarden Dollar - T-ONLINE 13.10.2014.

224. "Gaza bis 2020 unbewohnbar" - TAGESSCHAU 02.09.2015.

225. Angela Merkel "Grundrecht auf Asyl kennt keine Obergrenze" - RP ONLINE 11.09.2015.

226. Ungarns Premier Orbán bei der CSU: "Die Südgrenzen Bayerns werden in Ungarn geschützt" - SPIEGEL 23.09.2015.

227. Plan der Bundesregierung: Sonderzüge sollen Flüchtlinge aus Österreich abholen - SPIEGEL 28.09.2015.

228. Zahlenwirrwarr: Bundespolizei registriert längst nicht alle Flüchtlinge - SPIEGEL 30.09.2015.

229. Würzburger heißen Flüchtlinge mit Fest willkommen - BAYERISCHER RUNDFUNK 21.09.2015.

230. Flüchtlingskrise - Wonach Syrer im Internet googeln - STERN 08.10.2015.

231. Der Werbefilm für das gelobte Asylland Germany - DIE WELT 30.08.2015.

232. 1000 neue Flüchtlinge pro Tag - DER TAGESSPIEGEL 08.09.2015.

233. Flüchtlingskrise in Hamburg - Stadt baut 5600 Wohnungen im Blitzverfahren HAMBURGER MORGENPOST 05.10.2015.

234. Wie viel Bußgeld droht bei Verstößen? - ENEV-ONLINE .

235. Mietpreise - Hamburg, lebe wohl - DIE ZEIT 12.09.2015.

236. Reihenhäuser für Flüchtlinge - HNA 16.09.2015.

237. Eckental: Reihenhäuser für Flüchtlinge - ANTENNE BAYERN 09.02.2016.

238. Salafisten rekrutieren Flüchtlinge - MMnews 23.09.2015.

239. Die Polizei kam auf Socken zum Imam in die Moschee - BILD 22.09.2015.

240. So führt ISIS Krieg gegen die Kultur - BILD 26.02.2015.

241. Terror in Belgien - IS will für Anschläge in Brüssel verantwortlich sein - SPIEGEL 22.03.2016.

242. Asylbewerberleistungsgesetz - WIKIPEDIA.

243. Allein im September kamen so viele Flüchtlinge wie 2014 - DIE WELT 01.10.2015.

244. So wird die Dauer von Asylverfahren verschleiert - DIE WELT 25.08.2015.

245. Flüchtlinge: Zahl der unerledigten Asylanträge wächst auf über 300.000 - SPIEGEL 07.10.2015.

246. Bleiberecht - auch ohne Asylverfahren? - TAGESSCHAU 26.09.2015.

247. Neuer Reichtum statt altes Elend: In Afrika explodiert die Zahl der Millionäre - FOCUS MONEY 12.08.2015.

248. Menschenschmuggel: Das miese, lukrative Geschäft mit den Flüchtlingen - SPIEGEL 28.08.2015.

249. Amtsblatt der Europäischen Gemeinschaften.

250. EU-Kommission leitet zwei Verfahren gegen Deutschland ein - T-ONLINE 23.09.2015.

251. Zahl der Abschiebungen deutlich gestiegen - TAGESSCHAU 02.08.2015.

252. Diese 17 Staaten behindern Abschiebungen aus Deutschland - WELT 23.02.2016.

253. Warum Deutschland so wenige Asylbewerber abschiebt - DIE WELT 22.03.2015.

254. Über 90 Prozent der Flüchtlinge brauchen Hartz IV - N24 30.09.2015.

255. Ifo-Chef Sinn „Migration ist ein Verlustgeschäft" - FRANKFURTER ALLGEMEINE 29.12.2014.

256. Plan der EU-Kommission: Flüchtlingsausgaben sollen bei Maastricht-Kriterien nicht berücksichtigt werden - SPIEGEL 01.10.2015.

257. Für 65 Mio. Euro - Stadt baut 10 neue Flüchtlings-Dörfer - BILD 10.02.2015.

258. Kosten für Flüchtlinge - Haushalt der Stadt rutscht tief ins Minus - HANNOVERSCHE ALLGEMEINE 10.09.2015.

259. 20.000 Euro pro Flüchtling: So teuer ist das Geschäft mit Notunterkünften - FOCUS 14.05.2015.

260. Bund zahlt monatlich 670 Euro Pauschale pro Flüchtling - DIE WELT 24.09.2015.

261. Steuererhöhungen, um Flüchtlinge zu finanzieren? - DIE WELT 22.07.2015.

262. Höhere Gebühren und Abgaben Städte bitten die Deutschen zur Kasse - N24 29.09.2015.

263. Asylbewerber: Behörden erwarten mehr Flüchtlinge aus Afghanistan - SPIEGEL 27.09.2015.

264. Warum immer mehr Flüchtlinge zum Christentum konvertieren - FOCUS 26.02.2016.

265. Bundestag beschließt Asyl-Paket - MMNEWS 15.10.2015.

266. Abschreibungen: Deutsche Bank rechnet mit Milliardenverlust - SPIEGEL 08.10.2015.

267. Deutsche Bank lobt Merkels Flüchtlingspolitik - DIE ZEIT 14.10.2015.

268. Weltweit fast 60 Millionen Menschen auf der Fluch - UNHCR 18.06.2015.

269. Einschätzung von Ökonomen: Flüchtlingskrise stützt deutsche Wirtschaft - SPIEGEL 08.10.2015.

270. Das Weltwachstum welkt dahin - HANDELSBLATT 14.10.2015.

271. LaGeSo Berlin Erstaufnahmestelle: Konkurrenz unter Flüchtlingen - RTDEUTSCH 25.09.2015.

272. Vier-Sterne-Hotel wird Flüchtlingsheim - BILD 29.06.2015.

273. Betriebsratschef befürchtet Entlassungen im Maritim-Hotel - MITTELDEUTSCHE ZEITUNG 08.09.2015.

274. „Bonotel" wird zum Flüchtlingsheim - Wegen der Stadt verlieren wir alle unseren Job - EXPRESS 24.08.2014.

275. Köln kauft Hotel, um Flüchtlinge unterzubringen - DIE WELT 13.06.2014.

276. "Nehmen uns nichts weg" - Das sagt ein Obdachloser zu Deutschlands Hilfen für Flüchtlinge - Focus 15.09.2015.

277. Darum hat Pegida wieder Zulauf! - BILD 30.09.2015.

278. Neue Schätzung: Mindestens 23.000 tote Flüchtlinge seit dem Jahr 2000 - PRO ASYL 31.03.2014.

279. EU meldet 25.700 Verkehrstote im Jahr 2014 - DIE WELT 24.03.2015.

280. Jährlich 1,24 Millionen Verkehrstote - BILD 15.03.2013.

281. Altmaier will das Ungeordnete ordnen - TAGESSCHAU 08.10.2015.

282. Städtebund fordert Taschengeld für Flüchtlinge - als Belohnung fürs Aufräumen - FOCUS 08.10.2015.

283. Pegida-Galgen - Staatsanwaltschaft ermittelt - MMNEWS 13.10.2015.

284. Opium für die WeltAfghanistan bleibt Nr. 1 - N-TV 29.06.2005.

285. Gerüchte halten sich: CIA hilft beim Opium-Export aus Afghanistan - RTDEUTSCH 26.09.2015.

286. Seehofer: Bayern will Flüchtlinge nach Österreich zurückschicken - FOCUS 08.10.2015.

287. EU-Gelder für Flüchtlinge - Viel versprochen, wenig gehalten - TAGESSCHAU 14.10.2015.

288. Kampf gegen Schlepper: Bundestag weitet Bundeswehr-Einsatz im Mittelmeer aus - SPIEGEL 01.10.2015.

289. Merkel fordert Facebook zum Löschen auf - DIE ZEIT 10.09.2015.

290. Gesetzesänderungen treten in Kraft Bei Hasskriminalität höhere Strafen - TAGESSCHAU 31.07.2015.

291. De Maizière: Derzeit kommen 8000 bis 10.000 Flüchtlinge pro Tag - DIE ZEIT 29.09.2015.

292. Zugverkehr unterbrochen: Mehr als hundert Flüchtlinge dringen in Eurotunnel ein - SPIEGEL 03.10.2015.

293. Lkw-Fahrer verweigern Touren nach England - NEUEWESTFÄLISCHE 19.08.2015.

294. Soziogramm der Flüchtlinge Jung, männlich, oft gebildet - TAGESSCHAU 24.09.2015.

295. Flüchtlinge klauen Edeka leer? Diese Antwort hat ein Supermarkt-Inhaber auf üble Gerüchte - FOCUS 27.08.2015.

296. Sicherheitsleute vor Caldener Edeka: Marktleiter nimmt Stellung - LOKALO24 08.08.2015.

297. Sind Asylunterkünfte ein "rechtsfreier Raum"? - RHEIN-NECKAR-ZEITUNG 27.03.2016.

298. Flüchtlingskrise: Kabinett beschließt neues Asylgesetz - SPIEGEL 29.09.2015.

299. Rainer Wendt im N24-Interview - Herr Wendt, fühlen Sie sich zensiert? N24 - 09.10.2015.

300. Flüchtlinge: Main-Taunus-Kreis ruft Katastrophenfall aus - MMNEWS 09.10.2015.

301. Bahn + Bus: Flüchtlinge reisen grundsätzlich gratis - MMNEWS 15.10.2015.

302. Schleuser setzen 100 Flüchtlinge an Autobahn aus - SÜDDEUTSCHE ZEITUNG 21.05.2015 .

303. Wovor die Amerikaner wirklich Angst haben - N24 16.10.2015.

Impressum

Herausgeber:

Andreas Lachmann

Leiselbachstr. 6

67308 Albisheim

www.andreaslachmann.wordpress.com

Stand: Frühjahr 2016

15556168R00123

Printed in Poland
by Amazon Fulfillment
Poland Sp. z o.o., Wrocław